主体的・対話的で深い学びを実現する

社会科授業 教材・実践・評価の アイデア

廣嶋憲一郎 著
Kenichiro Hiroshima

教育出版

はじめに

　年間40〜50回程度、小学校社会科の授業を拝見する機会がある。目前に迫った新学習指導要領の完全実施を控え、最近は新学習指導要領の新しい内容に挑戦する授業に出合うことが多くなってきた。新しいものに挑戦しようとする先生たちの熱意には、いつも頭が下がる思いである。

　一方、私自身の大学での講座も、すでに新学習指導要領対応型に衣替えをしている。2020年に教職に就く学生にとっては、これまでの学習指導要領の情報だけでは教師として指導していくことが心もとないからである。

　新学習指導要領の内容を理解し、実践につなげるためには学習指導要領の解説を読み込むことが一番であるが、目で追うだけでは質量ともに読み解くことに骨が折れる。本書は、新学習指導要領を理解し、実践につなげるための一助になればという思いから執筆することにしたものである。

　新しい内容で授業を実施するには教材開発が必要である。しかし、はじめに教材ありきでは、趣旨を違えることにもなりかねない。まず、新学習指導要領の趣旨を読み取ることが必要であろう。とりわけ、新学習指導要領の授業では、「主体的・対話的で深い学び」の実現が求められている。また、そのために「社会的な見方・考え方」を働かせることも必要とされる。これらのキーワードを読み解き、社会科授業のつくり方を大枠で捉えながら、新しい実践に挑戦することが大切である。

　このような趣旨から、本書は「主体的・対話的で深い学びを実現する教材・実践・評価のアイデア」とした。指導と評価の一体化の重要性から、評価についても基本的な方向性を記述したが、時期的な関係で私案に止めていることをお許し頂きたい。

　新しい社会科のスムーズな実現を人一倍願っているつもりであるが、至らない内容も多々あるものと思われる。ご批正を賜れれば幸いである。

廣嶋　憲一郎

目　次

はじめに

第1章　新社会科のキーワードを読み解く

1 社会科の目標はどのように変わったか ──────────── 2

　(1)　新しい社会科の「教科目標」　2

　(2)　教科目標の4つの特徴　2

2 教科目標のキーワードを読み解く ──────────── 5

　(1)　「社会的な見方・考え方」をどのように働かせるか　5

　(2)　「課題を追究したり解決したりする活動」をどのように展開するか　7

　(3)　「公民としての資質」は「公民的資質」とどこが違うか　10

　(4)　生きて働く「知識及び技能」とは何か　11

　(5)　未知の状況にも対応できる「思考力・判断力・表現力等」とは何か　13

　(6)　学びを人生や社会に生かそうとする「学びに向かう力・人間性等」とは何か

18

第2章　授業づくりのコツ─「主体的・対話的で深い学び」の実現─

1 「主体的・対話的で深い学び」とは何か ──────────── 22

　(1)　「主体的・対話的で深い学び」は授業改善の視点　22

　(2)　なぜ、「主体的・対話的で深い学び」なのか　23

2 「主体的な学び」を実現するポイント ──────────── 26

　(1)　「主体的な学び」を実現するキーワード　26

iv

(2) 「見通し」と「振り返り」をどのように授業に位置付けるか　27

3 「対話的な学び」を実現するポイント ──────────── 31

(1) 「対話的な学び」を実現するキーワード　31

(2) 「対話的な学び」をどのように充実させるか　32

4 「深い学び」を実現するポイント ──────────── 35

(1) 「深い学び」を実現するキーワード　35

(2) 応用性や汎用性のある「概念的知識」をどのように獲得するか　36

(3) 社会への関わり方を選択・判断するポイントは何か　38

第3章　新しい内容の教材化と実践のヒント

1 新しい内容構成の特徴と各学年の改善内容 ──────────── 42

(1) 現代的な課題への対応　42

(2) 現代的な課題と各学年の主な改善内容　43

2 第3学年の教材化と実践のヒント ──────────── 50

(1) 身近な地域や市の様子　50

(2) 市の様子の移り変わり　53

3 第4学年の教材化と実践のヒント ──────────── 60

(1) 自然災害から人々を守る活動　60

(2) 県内の伝統や文化　65

(3) 国際交流に取り組んでいる地域　71

4 第5学年の教材化と実践のヒント ──────────── 77

(1) 工業生産における「貿易や運輸」の役割　77

(2) 情報を生かして発展する産業　82

5 第6学年の教材化と実践のヒント ──────────── 91

(1) 国や地方公共団体の政治における「地域の開発や活性化」　91

(2) 我が国の歴史上の主な事象における「世界との関わり」　96

第4章　新しい社会科の評価—観点別学習状況評価をどのように行うか—

１　学習評価の基本的な考え方 ——————————————— 102

　(1)　学習評価の意義　102

　(2)　学習評価の基本的な枠組み　103

２　小学校社会科における観点別学習状況評価 ———————— 106

　(1)　「知識・技能」の評価　106

　(2)　「思考・判断・表現」の評価　109

　(3)　「主体的に学習に取り組む態度」の評価　111

３　評価の手順と評価規準の作成 ——————————————— 114

　(1)　評価規準設定の手順　114

　(2)　評価規準の作成　115

　(3)　評価に当たって配慮したいこと　118

おわりに　120

コラム

　学習問題は誰がつくるか？／学習問題に「答え」はあるか？　　9

　学習感想は、何のためか？／なぜ、チャイムが鳴ってからなのか？　　30

　ある高校教師の挑戦　34

　「タイマー」を使った授業／子供の姿を見て授業の腕を磨こう　39

　体験的な学習ならではの「よさ」とは？　76

　これだけは知っておきたい「我が国の領土」　89

　子供たちが考えた「歴史を学ぶ意味」とは？　99

　「観点別学習状況評価」／「目標に準拠した（目標準拠）評価」／「集団に準拠した
　　評価」　105

第1章

新社会科のキーワードを読み解く

　新しい社会科の教科目標には、これまでとは異なる表記が見られる。

・社会的な見方・考え方を働かせて

・公民としての資質・能力

・生きて働く「知識及び技能」

・未知の状況にも対応できる「思考力、判断力、表現力等」

・学びを人生や社会に生かそうとする「学びに向かう力・人間性等」

　これらは、新しい社会科の授業づくりを考えるキーワードである。

　本章では、これらのキーワードに着目し、その意味と社会科指導の着眼点を読み解くことを試みる。

1 社会科の目標はどのように変わったか

(1) 新しい社会科の「教科目標」

　新学習指導要領（平成29年告示）の小学校社会科では、次に示した「教科の目標」に、これまでと比べ、いくつかの特徴が見られる。

> 　社会的な見方・考え方を働かせ、課題を追究したり解決したりする活動を通して、グローバル化する国際社会に主体的に生きる平和で民主的な国家及び社会の形成者に必要な公民としての資質・能力の基礎を次のとおり育成することを目指す。
> (1)　地域や我が国の国土の地理的環境、現代社会の仕組みや働き、地域や我が国の歴史や伝統と文化を通して社会生活について理解するとともに、様々な資料や調査活動を通して情報を適切に調べまとめる技能を身に付けるようにする。
> (2)　社会的事象の特色や相互の関連、意味を多角的に考えたり、社会に見られる課題を把握して、その解決に向けて社会への関わり方を選択・判断したりする力、考えたことや選択・判断したことを適切に表現する力を養う。
> (3)　社会的事象について、よりよい社会を考え主体的に問題解決しようとする態度を養うとともに、多角的な思考や理解を通して、地域社会に対する誇りと愛情、地域社会の一員としての自覚、我が国の国土と歴史に対する愛情、我が国の将来を担う国民としての自覚、世界の国々の人々と共に生きていくことの大切さについての自覚などを養う。

(2) 教科目標の４つの特徴

　この目標から読み解く特徴の第１は、「社会的な見方・考えた方を働かせ、

2　第１章　新社会科のキーワードを読み解く

課題を追究したり解決したりする活動を通して」と、社会的事象の見方・考え方や学び方を前面に打ち出した点である。この背景には、今回の学習指導要領の改訂が、これからの時代に求められる資質・能力の育成を最大の目標においていること、中教審答申（平成28年12月中央教育審議会答申）で、現行学習指導要領の課題として、「社会的な見方・考え方については、その全体像が不明確であり、それを養うための具体策が定着するに至っていないことや、課題を追究したり解決したりする活動を取り入れた授業が十分に行われていないこと」などが指摘されたことがある。

　特徴の第2は、従来、究極の目標として表記されていた「公民的資質」が「公民としての資質・能力」に変わった点である。この意図は、「公民的資質」が、小学校社会科の目標(1)から(3)までに示された資質・能力の全てが結びついて育まれるものであると考えられることから、**公民としての資質・能力**と表記したと説明されている。

　特徴の第3は、目標の柱書部分が、中学校と共通の文言で示されたことである。中学校では、「広い視野に立ち」の一言がある以外は、全て小学校と共通に表記されている。このことから、**小学校社会科と中学校社会科の連続性・接続性**を読み取ることができる。なお、高等学校においても、「社会的な見方・考え方を働かせ、課題を追究したり解決したりする活動を通して」と「公民としての資質・能力」は共通しており、社会科教育が小学校3年生から高等学校3年生までの10年間を視野に入れて指導する必要があることが、一層明確になったと言える。

　特徴の第4は、教科の目標に**育成すべき資質・能力の3つの柱**が示されたことである。今回の改訂では、教育課程全体を通して育成を目指す資質・能力を

　ア　何を理解しているか、何ができるか。（生きて働く「知識・技能」の習得）

　イ　理解していること・できることをどう使うか。（未知の状況にも対応できる「思考力・判断力・表現力等」の育成）

　ウ　どのように社会・世界と関わり、よりよい人生を送るか（学びを人生や社会に生かそうとする。「学びに向かう力・人間性等」の涵養）

１社会科の目標はどのように変わったか　3

の3つの柱に整理し、社会科が目指す資質・能力も、この3つで示されている。(1)は「知識及び技能」に関する目標であり、社会科で身に付けさせたい「生きて働く知識及び技能」を示している。(2)は「思考力、判断力、表現力等」に関する目標であり、「未知の状況にも対応できる思考力・判断力・表現力等」を示している。(3)は「学びに向かう力、人間性等」の目標であり、「学びを人生や社会に生かそうとする学びに向かう力・人間性等」を示している。

改訂された教科の目標の特徴を、その背景なども踏まえて読み解くことが、新しい社会科教育を構築する第1の鍵になる。

学習指導要領改訂の背景と改善の視点

【社会的背景】
・情報化
・グローバル化
・人工知能の進化
（第4次産業革命）

変化が激しく予測困難な時代であっても子供たちが自信を持って自分の人生を切り拓き、よりよい社会を創り出していくことができるよう、必要な資質・能力を育んでいくことが求められる。

「改善の6つの視点」
・何ができるようになるか
・何を学ぶか
・どのように学ぶか
・子供一人一人の発達をどのように支援するか
・何が身に付いたか
・実施するために何が必要か

2 教科目標のキーワードを読み解く

(1) 「社会的な見方・考え方」をどのように働かせるか

『小学校学習指導要領解説　社会編』では、「社会的な見方・考え方」を以下のように説明している。

> 「社会的な見方・考え方」は、小学校社会科、中学校社会科において、社会的事象の意味や意義、特色や相互の関連を考察したり、社会に見られる課題を把握して、その解決に向けて構想したりする際の「視点や方法（考え方）」であると考えられる。

　また、小学校社会科では、「社会的な見方・考え方」を「社会的事象の見方・考え方」とし、

> 「社会的事象の見方・考え方」は、「位置や空間的な広がり、時期や時間の経過、事象や人々の相互関係などに着目して（視点）、社会的事象を捉え、比較・分類したり総合したり、地域の人々や国民の生活と関連付けたりすること（方法）」と考えられ、これらは、中学校社会科の各分野の学習に発展するものである。

と説明している。

　「見方（視点）」は社会的事象を見る際の窓口に当たるものであり、「考え方（方法）」は社会的事象を考察・構想する際の思考方法に当たるものである。

　また、「視点」と「方法」は相互に関連し合って働くことにより、社会的事象の意味や意義、特色等がより明確に把握できるようになると思われる。

```
        【見方（視点）】              【考え方（方法）】
        ・空間的な視点               ・比較・分類する
        ・時間的な視点               ・総合する
        ・相互関係的な視点            ・関連付ける
```

　実際の授業で、子供たちが「社会的事象の見方・考え方」を働かせることができるようになるためには、教師が「社会的事象の見方・考え方」につながる発問や教材を工夫し、子供とともに追究する活動を重ねることが大切である。例えば、第5学年「国土の自然災害」に関する内容を扱う場合には、「私たちの国土ではどのような自然災害が、どのような地域で多く発生しているのだろうか」（空間的な視点）、「この地域では、今までどのような災害があったのだろうか」（時間的な視点）、「国土の自然環境と災害には、どのような関係があるのだろうか」「自然災害から私たちの生活を守るために、国や県などではどのような対策を行っているのだろうか」（相互関係的な視点）などの発問が考えられる。

6　第1章　新社会科のキーワードを読み解く

前ページの写真は、熊本地震の写真を導入に用いて、前述した視点で発問を考え、子供の追究を促したものである。追究の過程では、資料として

・これまで5年間に発生した国土の主な自然災害（災害発生地図）
・1920年以降日本で発生した大きな自然災害（理科年表）
・公共施設の耐震化の状況、緊急地震速報の仕組みなどの対策（写真、文章）

などを活用し、自然災害の種類を分類する、国土の自然環境と災害の発生を関連付ける、災害の種類ごとに国や県の対策を関連付けるなどして目標となる概念的知識の獲得に迫ろうとしたものである。

(2) 「課題を追究したり解決したりする活動」をどのように展開するか

　社会科の問題解決学習の歴史は発足当初に遡る。少なくとも昭和26年の学習指導要領には、「社会科は、社会生活を正しく理解させ、同時に社会の進展に貢献する態度や能力を身に付けさせることを目的とし」この目的を達成するために「……かれらが実生活の中で直面する切実な問題を取り上げて、それを自主的に究明していくことを学習の方法とすることが望ましい」とされ、「問題解決学習」を指導原理としてきたことがうかがえる。この考え方は、従前の学習指導要領が示す「問題（課題）解決的な学習」とは質的に異なる部分もあるが、指導方法の原理としては現在にも受け継がれていると考えることができる。

　「課題を追究したり解決したりする活動」は、小学校社会科では、各学年の目標に「学習の問題を追究・解決する活動」と表記されている。また、一般的には、「問題（課題）解決的な学習」と言われている。問題解決的な学習の学びの過程は、中教審答申の別添資料に「社会科、地理歴史科、公民科における学習過程のイメージ」が示されている。

　次ページの図は、答申の別添資料を基に、筆者が整理したものである。この図が示すとおり、問題解決的な学習は、「問題（課題）把握」「問題（課題）追究」「問題（課題）解決」のプロセスで構成される。また、問題によっては解決の後に「新たな課題」が生まれることもある。

2 教科目標のキーワードを読み解く　7

資質・能力を育成する学びの過程

課題把握		課題追究		課題解決	新たな課題
動機付け	方向付け	情報収集	考察・構想	まとめ	振り返り
学習問題（課題）を設定する 気付きや疑問 問題意識	課題解決の見通しを持つ 予想 学習計画	予想や仮説の検証に向け、調べる 観察・調査 資料活用	・社会的事象等の考察 ・社会に見られる課題の構想 見方・考え方	考察したことや構想したことをまとめる 分類・整理 表現活動	学習を振り返って考察 ・成果の確認 ・成果の発信 ・新たな課題の発見

　「問題（課題）把握」の段階では、子供の疑問や興味・関心を基にして、単元を通して追究する「学習問題」を設定することや「予想」や「学習計画」を立て、追究の見通しを持つことが大切である。

　「問題（課題）追究」の段階では、問題を追究するために「情報収集」を行い、収集した情報を基にして社会的事象の意味や意義、特色や相互の関連等を考察したり、社会に見られる課題の解決方法を構想（選択・判断）したりすることが必要である。考察や構想に当たっては「社会的事象の見方・考え方」を働かせることが大切である。

　「問題（課題）解決」の段階では、考察したことや構想したことを言語で説明したり、表現活動を工夫したりするなどしてまとめることが大切である。ここでのまとめは、唯一無二の答えを正解として導くわけではない。むしろ様々な知識や考え方が身に付くことによって、多角的・多面的に社会的事象を捉えることができるようになることが大切である。

8　第1章　新社会科のキーワードを読み解く

コラム

学習問題は誰がつくるか?

「学習問題は教師がつくってはいけないのですか?」

　よく聞かれる質問である。問題解決的な学習では、どのような学習問題で授業を展開するかが、子供の追究活動を方向付ける。学習問題は、子供が興味・関心をもって追究したいという意欲をかき立てるものでなければならない。同時に、単元の目標を実現するために、どんな疑問を解決すればよいかを方向付けるものでなければならない。

　学習問題づくりを、子供の興味・関心だけに任せてしまえば、教師が想定した単元の目標を実現できなくなることがある。結論を言えば、**子供の興味・関心を引き出しながら、教師が責任をもって設定する必要がある**。教師のねらいと子供たちの問いとが一致するような学習問題づくりは、優れた教材の提示と指導力にかかっている。

学習問題に「答え」はあるか?

　「学習問題の答えをまとめましょう。」という授業に出合うことがある。かつては、あまり聞かなかった言葉である。社会的事象には、多面的・多角的な見方が欠かせない。社会科の学習問題の特徴は、多面的・多角的な視点から問題が解決される点にある。概念的な知識を獲得することは大切であるが、概念的な知識の獲得に至るプロセスにこそ社会科ならではの面白さがあるのではないだろうか。

　事実的な知識だけを問うのであれば、一つしかない正解(「答え」)は存在するかもしれない。しかし、そのような問いは、学習問題としてふさわしいとはいえない。記憶を再生するだけ、調べるだけで問題が解決するからである。**様々な見方や考え方で社会的事象の意味に迫るのが問題解決的な学習である**。時には、問題解決と同時に、新たな問題を発見することもある。

　そもそも、問題解決学習は、アメリカの教育学者ジョン・デューイが提唱した学習理論である。その意義は、知識の暗記にみられる受動的な学習から脱却し、自ら問題を発見し解決していく能力(問題解決能力)を身に付けていくことに学びの意義を求めたものである。問題解決能力の育成にこそ問題解決的な学習の本質があることを忘れてはならない。

⑶ 「公民としての資質」は「公民的資質」とどこが違うか

　従来、目標とされてきた「公民的資質」が「公民としての資質・能力」と改められた。「公民としての資質・能力」は、目標の⑴から⑶に示された「知識及び技能」「思考力、判断力、表現力等」「学びに向かう力、人間性等」に関わる資質・能力の全てが結びついて育まれるとの考えからである。

　「公民的資質」は、これまで「国際社会に生きる平和で民主的な国家・社会の形成者、すなわち市民・国民として行動する上で必要とされる資質を意味している。」と説明されてきた。具体的には、

・平和で民主的な国家・社会の形成者としての自覚をもち、自他の人格を尊重し合うこと
・社会的義務や責任を果たそうとすること
・社会生活の様々な場面で多面的に考えたり、公正に判断したりすること

などの態度や能力である。また、

・日本人としての自覚をもって国際社会で主体的に生きるとともに、持続可能な社会の実現を目指すなど、**よりよい社会の形成に参画する資質や能力の基礎をも含むものである**

と言われてきた。

　『小学校学習指導要領解説　社会編』では、

> 　公民としての資質・能力とは、選挙権を有する18歳に求められる「広い視野に立ち、グローバル化する国際社会に主体的に生きる平和で民主的な国家及び社会の有為な形成者として必要な資質・能力」であると考えられる。

と説明している。一方、これまでの学習指導要領で説明してきた「公民的資質」は、今後も「公民としての資質・能力」に引き継がれるものであると説明されていることから、従来の「態度や能力」が、新しい「資質・能力」に含まれるものと考えることができる。

10　第1章　新社会科のキーワードを読み解く

⑷ 生きて働く「知識及び技能」とは何か

小学校社会科の目標としての「知識及び技能」は、

地域や我が国の国土の地理的環境、現代社会の仕組みや働き、地域や我が国の歴史や伝統と文化を通して社会生活について理解するとともに、様々な資料や調査活動を通して情報を適切に調べまとめる技能を身に付けるようにする。

である。

① 知識

このうち、前段の「地域や我が国の国土の地理的環境、現代社会の仕組みや働き、地域や我が国の歴史や伝統と文化を通して社会生活について理解する」は、「地域や我が国の国土の地理的環境、現代社会の仕組みや働き、地域や我が国の歴史や伝統と文化」に関する知識の習得を通して、人と人、人と社会の関わりによって成り立つ**「社会生活」についての理解**を図ることを目標としている。

なお、各学年の内容については第3章で詳しく述べるが、

第3学年では「自分たちの市を中心とした地域の社会生活」

第4学年では「自分たちの県を中心とした地域の社会生活」

第5学年では「我が国の国土と産業の様子」

第6学年では「我が国の政治の働きや歴史、国際理解」

を取り上げることとしている。

新学習指導要領では、中学校社会科の内容との接続（関連）が分かりやすくなるように、「地域や我が国の国土の地理的環境」の内容については「地理的環境と人々の生活」、「現代社会の仕組みや働き」の内容については「現代社会の仕組みや働きと人々の生活」、「地域や我が国の歴史や伝統と文化」の内容については「歴史と人々の生活」に分類し、小学校社会科の内容が、主としてどのカテゴリーに位置付くかが次のように示されるようになった。

A【地理的環境と人々の生活】
3年「身近な地域や市の様子」
4年「都道府県の様子」
4年「県内の特色ある地域の様子」
5年「我が国の国土の様子と国民生活」
5年「我が国の国土の自然環境と国民生活との関わり」＊Cとも関連

B【歴史と人々の生活】
3年「市の様子の移り変わり」
4年「県内の伝統や文化、先人の働き」
6年「我が国の歴史上の主な事象」

C【現代社会の仕組みや働きと人々の生活】
3年「地域に見られる生産や販売の仕事」
3年「地域の安全を守る働き」
4年「人々の健康や生活環境を支える事業」
4年「自然災害から人々を守る活動」
5年「我が国の農業や水産業における食料生産」
5年「我が国の工業生産」
5年「我が国の産業と情報との関わり」
6年「我が国の政治の働き」
6年「グローバル化する世界と日本の役割」

② **技能**

　後段の「様々な資料や調査活動を通して情報を適切に調べまとめる技能を身に付けるようにする。」は技能に関する目標である。小学校社会科で必要とされる技能は、およそ「情報を収集する技能」「情報を読み取る技能」「情報をまとめる技能」に分けられる。

　「情報を収集する技能」とは、手段を考えて問題（課題）解決に必要な社会的事象等に関する情報を収集する技能である。例えば、

・見学等で働く人の様子や街の景観などを観察し、情報を集める。

・地域の人などに聞き取り調査やアンケート調査をしたりして情報を集める。

・パソコンやインターネットなどから、課題に沿った情報を集める。

・新聞、図書などから課題解決に必要な情報を集める。

などの活動が考えられる。

「情報を読み取る技能」とは、収集した情報を社会的事象の見方・考え方に沿って読み取る技能である。例えば、

・地図や写真などから、位置や分布、広がりなどの傾向を読み取る。

・年表やグラフ、絵画資料などから、時期や時間の経過などを読み取る。

・様々な資料を比べたり、関連付けたりして、事象の特色を読み取る。

などの活動が考えられる。

「情報をまとめる技能」とは、読み取った情報を課題解決に向けてまとめる技能である。例えば、

・読み取った情報を基に、地域の様子を白地図にまとめる。

・事柄の順序や因果関係を考えて年表にまとめる。

・相互関係を整理し、イメージマップや関係図にまとめる。

などの活動が考えられる。

これらの技能は、目的に合わせて繰り返し活用することによって習熟の度合いが高まるものと考えられる。また、これからの時代の進展を視野に入れると、**ICT などの情報機器の活用**に習熟できるよう、いずれの場合にも積極的な活用がなされることが期待される。

⑸　未知の状況にも対応できる「思考力・判断力・表現力等」とは何か

小学校社会科の目標としての「思考力、判断力、表現力等」は、

> 社会的事象の特色や相互の関連、意味を多角的に考えたり、社会に見られる課題を把握して、その解決に向けて社会への関わり方を選択・判断したりする力、考えたことや選択・判断したことを適切に表現する力を養う。

である。

①　思考力、判断力

このうち、「社会的事象の特色や相互の関連、意味を多角的に考えたり、社会に見られる課題を把握して、その解決に向けて社会への関わり方を選択・判

断したりする力」は思考力、判断力に当たる。また、「考えたことや選択・判断したことを適切に表現する力」は表現力に当たる。

「社会的事象の特色や相互の関連、意味を多角的に考える」とは、社会的事象に見られる特徴やよさ、事象間のつながり、事象の社会における仕組みや役割、社会生活への影響などを様々な立場から考える（考察する）ことである。多角的に考えるには、「社会的事象の見方・考え方」の思考方法を用いることが有効である。例えば、自然条件から見て特色ある地域の様子は、自分たちの住む地域や他の地域の特徴やよさなどと「比較したり、分類したり」することにより見えてくる。生産する側と消費する側のつながりは、主に生産者の工夫と消費者の願いなどを「関連付ける」ことによって捉えることができる。我が国の政治の仕組みや役割、食料生産が国民生活に果たす役割、情報化が国民生活に及ぼす影響などは、主として様々な立場や考え方を「総合して（まとめて）」考えることによって見えやすくなると思われる。

「社会に見られる課題を把握して、その解決に向けて社会への関わり方を選択・判断する」とは、社会に見られる課題の解決に向けて、その関わり方を自分なりに考え、意思決定する（構想する）ことである。このことが、育成する資質・能力に位置付けられた背景には、中教審答申の「社会科、地理歴史科、公民科の課題」の中で、「主体的に社会に参画する態度の育成」が不十分であることや「社会との関わりを意識して課題を追究したり解決したりする活動を充実」する必要があることが指摘されたからである。

小学生が「社会に見られる課題を把握」したり、「解決に向けて社会への関わり方を選択・判断」したりすることは、並大抵のことではない. そこで、学習指導要領では、選択・判断が求められる場面を「内容の取扱い」に次のように示している。

第3学年「地域の安全を守る働き」
　・地域や自分自身の安全を守るために自分たちにできることなどを考えたり選択・判断したりできるよう配慮すること。

第4学年「人々の健康や生活環境を支える事業」

・節水や節電など自分たちにできることを考えたり選択・判断したりできるよう配慮すること。

・ごみの減量や水を汚さない工夫など、自分たちにできることを考えたり選択・判断したりできるよう配慮すること。

第4学年「自然災害から人々を守る活動」

・地域で起こり得る災害を想定し、日頃から必要な備えをするなど、自分たちにできることなどを考えたり選択・判断したりできるよう配慮すること。

第4学年「県内の伝統や文化」

・地域の伝統や文化の保存や継承に関わって、自分たちにできることなどを考えたり選択・判断したりできるよう配慮すること。

第5学年「国土の自然環境と国民生活とのかかわり」

・国土の環境保全について、自分たちにできることなどを考えたり選択・判断したりできるよう配慮すること。

第6学年「グローバル化する世界と日本の役割」

・世界の人々と共に生きていくために大切なことや、今後、我が国が国際社会において果たすべき役割などを多角的に考えたり選択・判断したりできるよう配慮すること。

また、「選択・判断」を直接求めているわけではないが、社会に見られる課題を把握して、その解決や発展に向けて「自分の考えをまとめる」ことに配慮を求めている内容も以下のとおりである。

第3学年「市の様子の移り変わり」

・「人口」を取り上げる際には、少子高齢化、国際化などに触れ、これからの市の発展について考えることができるよう配慮すること。

第5学年「我が国の農業や水産業における食料生産」

・これからの農業などの発展について、自分の考えをまとめることができるよう配慮すること。

2 教科目標のキーワードを読み解く　15

第5学年「我が国の工業生産」

・これからの工業の発展について、自分の考えをまとめることができるよう
配慮すること。

第5学年「わが国の産業と情報との関わり」

・情報化の進展に伴う産業の発展や国民生活の向上について、自分の考えを
まとめることができるよう配慮すること。

第6学年「わが国の政治の働き」

・国民としての政治への関わり方について多角的に考えて、自分の考えをま
とめることができるよう配慮すること。

　これらの学習に共通する指導のポイントは、

・「社会に見られる課題」を切実感のあるものとして受け止めているか。

・「社会に見られる課題」が自分事としても受け止められているか。

・「選択・判断」は、学んだことを根拠にしているか。

・複数の立場や意見を（多角的に）踏まえて「選択・判断」しているか。

・「自分の考え」や「選択・判断」の根拠が明確になっているか。

・「自分たちでできること」は、実現可能なものか。

などを吟味することである。

　② **表現力**

　「**考えたことや選択・判断したことを適切に表現する**」とは、思考したり判
断したりしたことを、共に学ぶ仲間や相手に対して、自分の考えを伝えること
である。社会科における表現力育成のポイントは、

・何を伝えるか。（伝える内容）

・誰に伝えるか。（相手意識）

・なぜそのように考えたか。（理由や根拠）

・分かりやすく伝えるにはどのようにするか。（伝え方）

などを明確にすることである。理由や根拠を明確にして、相手に分かりやすく伝えるには、社会科だけに限らず、日常の指導において「言語活動」を充実させる必要がある。社会科の表現力として求められる**「説明する力」**と**「議論する力」**は、いずれも「論理的思考力」の育成と不可分である。

思考力・判断力・表現力等の育成のイメージ（1）

①**「社会的な見方・考え方」を用いて、社会的事象等の意味や意義、特色や相互の関連を考察する力**

・概念等を活用して多面的・多角的に考察できる
・多面的・多角的に考察できる
・多角的に考察できる

高校
中学校
小学校

②**「社会的な見方・考え方」を用いて、社会に見られる課題を把握し、その解決に向けて構想する力**

・身に付けた判断基準を根拠に解決に向けて構想できる
・学習したことを基に複数の立場や意見を踏まえて選択・判断できる
・学習したことを基に社会への関わり方を選択・判断できる

高校
中学校
小学校

思考力・判断力・表現力等の育成のイメージ（2）

③**考察したこと、構想したことを説明する力**

・適切な資料、内容や表現方法を選び、自分の考えを効果的に説明したり論述したりできる

高校

・主旨が明確になるように内容構成を考え、自分の考えを論理的に説明できる

中学校

・根拠や理由を明確にして、自分の考えを論理的に説明できる

小学校

④**考察したこと、構想したことを基に議論する力**

・合意形成や社会参画を視野に入れながら、構想したことを、妥当性や効果、実現可能性などを指標にして議論できる

高校

・他者の主張を踏まえたり取り入れたりして、自分の考えを再構成しながら議論できる

中学校

・他者の主張につなげたり、立場や根拠を明確にしたりして、自分の考えを主張できる

小学校

2教科目標のキーワードを読み解く　17

中教審の補充資料には、思考力・判断力・表現力等の育成イメージを、小・中・高等学校への発展を想定し、前ページの図（筆者が一部修正）で示している。

未知の状況にも対応できる「思考力・判断力・表現力等」は、「論理的思考力」を背景として、考察・構想・説明・議論によって未来をつくり出す力であると言うことができよう。

⑹ 学びを人生や社会に生かそうとする「学びに向かう力・人間性等」とは何か

小学校社会科の目標としての「学びに向かう力、人間性等」は、

> 社会的事象について、よりよい社会を考え主体的に問題解決しようとする態度を養うとともに、多角的な思考や理解を通して、地域社会に対する誇りと愛情、地域社会の一員としての自覚、我が国の国土と歴史に対する愛情、我が国の将来を担う国民としての自覚、世界の国々の人々と共に生きていくことの大切さについての自覚などを養う。

と記されている。このうち、「社会的事象について、よりよい社会を考え主体的に問題解決しようとする態度を養う」は、「学びに向かう力」に当たる。また、「多角的な思考や理解を通して、地域社会に対する誇りと愛情、地域社会の一員としての自覚、我が国の国土と歴史に対する愛情、我が国の将来を担う国民としての自覚、世界の国々の人々と共に生きていくことの大切さについての自覚などを養う。」は、「人間性等」の涵養に当たる目標である。

① 学びに向かう力

「社会的事象について、よりよい社会を考え主体的に問題解決しようとする態度」は、各学年の目標では、「社会的事象について、主体的に学習の問題を解決しようとする態度や、よりよい社会を考え学習したことを社会生活に生かそうとする態度を養う。」と記されている。この目標には、いくつかの特徴がある。1つは、3年生から6年生まで**全学年共通の目標**であること、2つは、

社会科ならではの**主体的に問題解決的な学習に取り組む態度の育成**を目指すものであること、3つ目は学んだ結果を教室の中に閉じ込めることなく**社会生活に生かす**ことを求めていることである。よりよい社会を考え社会生活に生かそうとする態度は、公民としての資質・能力につながると捉えることもできる。まさに、学びを人生や社会に生かそうとするのが「学びに向かう力」である。

　②　人間性

　人間性等の涵養に当たる「多角的な思考や理解を通して、地域社会に対する誇りと愛情、地域社会の一員としての自覚、我が国の国土と歴史に対する愛情、我が国の将来を担う国民としての自覚、世界の国々の人々と共に生きていくことの大切さについての自覚などを養う。」とは、**各学年の目標**では、

第3学年・第4学年

　　思考や理解を通して、地域社会に対する誇りと愛情、地域社会の一員としての自覚を養う。

第5学年

　　多角的な思考や理解を通して、我が国の国土に対する愛情、我が国の産業の発展を願い我が国の将来を担う国民としての自覚を養う。

第6学年

　　多角的な思考や理解を通して、我が国の歴史や伝統を大切にして国を愛する心情、我が国の将来を担う国民としての自覚や平和を願う日本人として世界の国々の人々と共に生きることの大切さについての自覚を養う。

と記されている。このうち、第5学年と第6学年に見られる「我が国の将来を担う国民としての自覚」以外は、従来の学習指導要領でも各学年の態度目標に示されていた内容である。このことから、小学校社会科で育成しようとする「人間性等」は、これまでと同様それぞれの学年で学んだことを通して涵養されることが期待される**「自覚や愛情」**であると考えることができる。なお、第5学年と第6学年には、新たに「我が国の将来を担う国民としての自覚」が加えられている。第5学年では、我が国の産業の発展やよりよい社会を実現していくために共に努力し、協力しようとする意識を養うようにすることが、第6

学年では、主権者として将来にわたって我が国の政治に関わろうとする意識や、社会の担い手として平和で民主的な国家及び社会を築き上げようとする意識などを養うようにすることが期待されている。いずれも、18歳選挙権の施行に伴う主権者教育の重視が背景にあるものと考えられる。

　なお、「自覚や愛情など」の意識や態度形成に関わる内容は、それ自体が独立して養われるわけではない。従来は、理解目標とセットで態度目標が示されていたが、新学習指導要領では「人間性等」の目標に「（多角的な）思考や理解を通して」という文言を挿入することによって、「自覚や愛情など」は、学習活動による**思考や理解の過程を通して養われる**ものであることを明確にした。しかし、このような人格形成にも関わる側面は、1時間や1単元の学習だけで身に付くとは考え難い。様々な学習経験や社会生活での体験などを通して養われていくものであると考える必要がある。

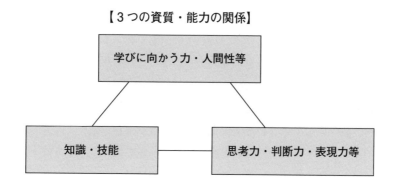

　3つの資質・能力は、それぞれ関連し合って育まれるとともに、自分の生活や社会に向けて働くものとなることが期待される。

第2章

授業づくりのコツ

―「主体的・対話的で深い学び」の実現―

　授業改善の視点として、「主体的・対話的で深い学び」が言われている。ある研修会でこのテーマを取り上げたとき、参加した教師から、「これまでの授業とどこが違うのだろう。」「なぜ、このことが言われるようになったのだろう。」「主体的・対話的な学びに比べると、深い学びの意味が分かりにくい。」などの声が数多く聞かれた。一方、参加者からは、「教師は誰もがよりよい授業を行いたいという願いを持っている。」という意欲を感じることができた。

　本章では、なぜ、「主体的・対話的で深い学び」が必要なのかを考えることを手始めに、

　　・主体的な学びを実現するポイント

　　・対話的な学びを実現するポイント

　　・深い学びを実現するポイント

について、社会科教育の事例を通して考察する。

1 「主体的・対話的で深い学び」とは何か

(1) 「主体的・対話的で深い学び」は授業改善の視点

「主体的・対話的で深い学び」は、各教科等における優れた実践に共通し、かつ普遍的な要素であり、授業改善の取組を活性化していく視点であると言われている。中央教育審議会答申では、その視点を次のように示している。

> ① 学ぶことに興味や関心を持ち、自己のキャリア形成の方向性と関連付けながら、見通しを持って粘り強く取り組み、自己の学習活動を振り返って次につなげる「主体的な学び」が実現できているか。
> ② 子供同士の協働、教職員や地域の人との対話、先哲の考え方を手掛かりに考えること等を通じ、自己の考えを広げ深める「対話的な学び」が実現できているか。
> ③ 習得・活用・探究という学びの過程の中で、各教科等の特質に応じた「見方・考え方」を働かせながら、知識を相互に関連付けてより深く理解したり、情報を精査して考えを形成したり、問題を見いだして解決策を考えたり、思いや考えを基に創造したりすることに向かう「深い学び」が実現できているか。

これらは、すべてが1単位時間で実現できるとは限らない。むしろ、単元全体の学習を進める中で、それぞれの視点が相互に関連し合って学びの質を向上させていくものと考えられる。また、「主体的な学び」「対話的な学び」「深い学び」は、いずれも授業づくりに欠かすことができない視点であるが、それぞれが個々ばらばらに作用するわけではない。**3つの視点が相互に関連**し合いながら、授業を活性化していくものと考えられる。

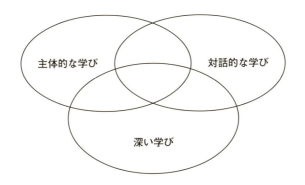

(2) なぜ、「主体的・対話的で深い学び」なのか

「主体的・対話的で深い学び」については、従来、アクティブ・ラーニングとも言われていた。アクティブ・ラーニングは、平成24年8月の中教審答申「新たな未来を築くための大学教育の質的転換に向けて」の中で、大学教育の授業改善の必要性に触れて「教員による一方的な講義形式とは異なり、学修者の能動的な学修への参加を取り入れた教授・学習法」への転換を促すために用いられた言葉である。

平成27年8月にまとめられた中央教育審議会教育課程企画特別部会の「論点整理」においては、子供たちに育成すべき資質・能力を総合的に育むためには、学びの量とともに、質や深まりが重要であるとされ、

> 「社会に開かれた教育課程」の理念のもと、各教科等における習得・活用・探究の過程全体を見渡しながら、「深い学び」「対話的な学び」「主体的な学び」の三つの視点に立って学び全体を改善していく必要がある。

との指摘がなされた。

なお、平成28年12月の中教審答申では、アクティブ・ラーニングの視点と授業改善について、次のように述べている。

「アクティブ・ラーニング」については、子供たちの「主体的・対話的で深い学び」を実現するために共有すべき授業改善の視点として、その位置付けを明確にすることとした。

　これらの経緯から、「主体的・対話的で深い学び」による授業改善が必要とされるのは、学習指導要領の改訂によって育成を目指す「知識及び技能の習得」「思考力、判断力、表現力等の育成」「学びに向かう力、人間性等の涵養」という資質・能力の３つの柱の育成が、バランスよく実現することが求められるからであると考えられる。

　なお、各教科等の解説には、共通して以下の留意事項が記されている。

ア　児童生徒に求められる資質・能力を育成することを目指した授業改善の取組は、既に小・中学校を中心に多くの実践が積み重ねられており、特に義務教育段階はこれまで地道に取り組まれ蓄積されてきた実践を否定し、全く異なる指導方法を導入しなければならないと捉える必要はないこと。

イ　授業の方法や技術の改善のみを意図するものではなく、児童生徒に目指す資質・能力を育むために「主体的な学び」「対話的な学び」「深い学び」の視点で、授業改善を進めるものであること。

ウ　各教科等において通常行われている学習活動（言語活動、観察・実験、問題解決的な学習など）の質を向上させることを主眼とするものであること。

エ　１回１回の授業で全ての学びが実現されるものではなく、単元や題材など内容や時間のまとまりの中で、学習を見通し振り返る場面をどこに設定するか、グループなどで対話する場面をどこに設定するか、<u>児童生徒が考える場面と教師が教える場面をどのように組み立てるか</u>を考え、実現を図っていくものであること。
（下線は筆者）

オ　深い学びの鍵として「見方・考え方」を働かせることが<u>重要</u>になること。各教科等の「見方・考え方」は、「どのような視点で物事を捉え、どのような考え方で思考していくのか」というその教科等ならではの物事を捉える視点や考え方である。各教科等を学ぶ本質的な意義の中核をなすものであり、教科等の学習と社会をつなぐものであることから、児童生徒が学習や人生において「見方・考え方」

を自在に働かせることができるようにすることにこそ、教師の専門性が発揮されることが求められること。
カ　基礎的・基本的な知識及び技能に課題がある場合には、その確実な習得を図ることを重視すること。

「主体的・対話的で深い学び」の意義や授業改善の方向性は、この留意点に集約されていると捉えることができる。

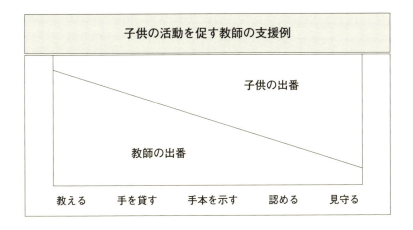

なお、授業は決められた時間の中で、「子供の出番」と「教師の出番」で構成されており、左ページの下線部の「授業の組み立て」については、上図で示した「子供の出番」と「教師の出番」を考えてバランスをとることが大切である。

❷ 「主体的な学び」を実現するポイント

⑴ 「主体的な学び」を実現するキーワード

『小学校学習指導要領解説 社会編』では、「指導計画の作成と内容の取扱い」の中で、「主体的な学び」の実現について次のように記している。

> 主体的な学びの実現については、児童が社会的事象から学習問題を見いだし、その解決への見通しをもって取り組むようにすることが求められる。そのためには、学習対象に対する関心を高め問題意識をもつようにするとともに、予想したり学習計画を立てたりして、追究・解決方法を検討すること、また、学習したことを振り返り、学習成果を吟味したり新たな問いを見いだしたりすること、さらに、学んだことを基に自らの生活を見つめたり社会生活に向けて生かしたりすることが必要である。

ここからは、次の３つのポイントが読み取れる。
・学習問題を見いだし、解決への見通しをもつこと。（見通し）
・学習したことを振り返り、学習成果を吟味したり新たな問いを見いだしたりすること。（振り返り）
・学んだことを自分の生活や社会生活に生かすこと。

授業づくりのキーワードになるのは、「見通し」と「振り返り」である。子供は、「何を、どのように学んだらよいか」という見通しがもてれば、学習への意欲が湧き、自分から進んで学習しようとする。振り返ることによって、成果が確認でき、新しい問いが生まれれば、次への意欲が生まれるからである。

⑵ 「見通し」と「振り返り」をどのように授業に位置付けるか

① 子供が「見通し」をもつための工夫

社会科の学習で、子供が「見通し」をもつとはどのような姿をいうのだろうか。一般的には**「問題解決的な学習」**を通して、追究する事柄や解決の方向性が理解できていることが必要である。そのためには、

ア　学習の対象となる社会的事象に興味・関心がもてる教材に出合う。

イ　示された教材に対する関心や疑問を基にして学習問題を練り上げる。

ウ　既習経験や生活経験などを根拠にして、学習問題に対する予想を考える。

エ　追究するために必要なおよその情報や活動を考え学習計画を立てる。

ことが大切である。

次ページの写真資料は、第6学年の歴史学習「新しい日本のあゆみ」の導入で用いられたものである。Aは「終戦直後の自分たちの地域の様子」である。Bは「同じ場所の現在の様子」である。

この授業では、教師は最初にAの写真を提示し、写真から読み取れることを自由に発言させ、「どこの場所だろうか」「いつ頃のことだろうか」「なぜこのような様子なのだろうか」と社会的事象の見方・考え方を働かせた読み取りで、資料への興味・関心を引き出した。次にBの写真を提示すると、子供たちはA・Bが自分たちの地域の同じ場所であることに気が付いた。さらに、2枚の写真を比べさせ、この地域はどのように変わってきたかということを考えさせた。学習問題とした「戦後、私たちの地域や日本は、どのようにして変わってきたのだろう」を追究するために、グループで予想を立てさせ、予想を確かめるための計画を話し合った。

この一連の授業では、教材や発問によって社会的事象の見方（視点）・考え方（方法）を働かせることにより、学習への漠然とした興味・関心が、見通しのある追究活動へ発展したものと考えられる。

2 「主体的な学び」を実現するポイント　27

A 「終戦直後の自分たちの地域の様子」

B 「Aと同じ場所の現在の様子」

(A、Bとも豊島区郷土資料館資料を使用)

② 主体的な学びにつながる「振り返り」を工夫する

「振り返り」というと、授業の終わりに大急ぎで「感想」を書かせる場面に出合うことがよくある。そこでは、「楽しかった」「頑張った」といった一言が記されることが多々ある。時間が十分に確保できていないことにもよるが、何が学べたのか、どう成長したのかを知ることは難しい。

「振り返り」で大切なことは、**自分の学びを自分で評価**できるようになることである。例えば、5・6年生であれば（3・4年生はもう少しやさしくてもよいが）、

・当初予想したことと比べて結果はどのようであったか。
・結論や追究の仕方は満足できるものであったか。
・満足できたとしたら、どんな理由からか。
・満足できなかったとしたら、どこに原因があったか。
・学習の結果で不十分なことや、もっと調べてみたいことはないか。

など、学習の成果を確認したり、新たな学習への意欲に発展したりするような振り返りが大切である。

このような「振り返り」は毎時間行うのではなく、単元の節目節目に行うことが効果的である。

・学習問題をつくり、予想や追究計画が立ち、追究の見通しができた時間
・学習問題の追究が行われ、解決に近づいた時間
・単元の授業が終わる時間

などに、子供に十分な時間を保障して振り返らせることが考えられる。子供はこのような「振り返り」を積み重ねることによって、「授業は先生に教えられるもの」から「授業は自分が学びとるもの」へと意識が変わっていくことが期待される。

なお、「振り返り」を丁寧に行うことによって、学んだことが**自分の学習や生活に生かせるようになる**ことも期待できる。

2 「主体的な学び」を実現するポイント　29

=== コラム ===

学習感想は、何のためか？

　多くの授業を参観させていただいている。授業をする先生の熱心さや生き生き
と学んでいる子供たちの姿に心を打たれることがよくある。こうした授業風景の
中で、同じような不思議な場面に出合うことがある。その1つは、授業の終末に
「まとめ」と称して感想を書かせることであり、2つ目は、感想を書かせる時間は
チャイムが鳴る直前か、場合によってはチャイムが鳴ってからになることである。

　チャイムが鳴ると、これまで生き生きしていた子供たちの姿は影を潜める。実
は、参観している私も「またか」の思いになる。子供たちは「もう終わりにして
欲しい」と思っている。その気持が私にも伝わってくるからだろうか。特に、
チャイムが鳴ってから先生にあおられて書かされた感想は、「楽しかった」と書か
れていても、なぜそう思うのかまでは書かれることがほとんどない。悲しいこと
に、2～3分では何も書けないままノートを提出する子供もいる。何のための感
想だったのか。もう少し時間をとってあげればどの子供も書けたはずなのにと思
う。

なぜ、チャイムが鳴ってからなのか？

　その原因の1つは、**指導する内容と時間の配分の吟味が不足している**からでは
ないかと思われる。もう1つは、先生の意識が**「指導案どおり」**に縛られて、学
びの主役が子供であることをつい忘れてしまうからではないだろうか。

　チャイムが鳴ったら授業を終わりにすればよい。その上で、子供が「主体的に
学ぶ」授業の在り方を再検討してみてはどうだろう。

　毎時間感想を書くことにどのような意味があるのか。意味があるとしたらどの
ような授業展開を工夫すればよいのだろうか。本稿の「振り返り」とも関連付け
て、研修会等で話題にして頂ければ幸いである。

　学習感想が指導内容の定着や次の授業に繋がる重要な役割をもつとすれば、終
末にそれなりの時間が確保できるように授業設計を行う必要がある。子供が感想
や意見を交換し合う場を設けて、お互いの学びの成果を確認したり、次時の学び
の見通しがもてたりできるようにしてはどうだろう。

3 「対話的な学び」を実現するポイント

(1) 「対話的な学び」を実現するキーワード

「対話的な学び」の実現については、「主体的な学び」と同様に、「指導計画の作成と内容の取扱い」の中に次の記述がある。

> 対話的な学びの実現については、学習過程を通じた様々な場面で児童相互の話合いや討論などの活動を一層充実させることが求められる。また、実社会で働く人々から話を聞いたりする活動についても今後一層の充実が求められる。さらに、対話的な学びを実現することにより、個々の児童が多様な視点を身に付け、社会的事象の特色や意味などを多角的に考えることができるようにすることも大切である。

「対話的な学び」とは、話し合いや討論などの活動、実社会で働く人々の話を聞く活動などを通して学ぶものであることは容易にイメージできる。そして、これらの活動は、社会科の授業では頻繁に行われている活動である。問題は、「対話的な学び」がなぜ必要かということである。この記述にあるように、「個々の児童が多様な視点を身に付け、社会的な事象の特色や意味などを多角的に考えることができる」ようになるために対話が必要なのである。

繰り返しになるが、中教審答申では、対話的な学びの視点を

> 子供同士の協働、教職員や地域の人との対話、先哲の考え方を手掛かりに考えること等を通じ、自己の考えを広げ深める「対話的な学び」が実現できているか。

と述べており、一人一人の子供の考えを広げ深めることが大切であると指摘している。キーワードは「**広げ深める**」である。

(2) 「対話的な学び」をどのように充実させるか

① 学びの方法や学習形態を工夫する

話し合いや討論が大切なのは、周りの人と考えをやりとりすることにより、自分の考えを見直すとともに、考えを広げたり深めたりすることができるからである。社会的事象の見方は必ずしも1つではない。むしろ様々な立場に立って多角的に考えることこそ大切である。

話し合いが活発に行われるようにするには、「何をどのように話し合うのか」というテーマや方法を明確にするとともに、状況によって学習の形態を工夫することが大切である。

・率直に自分の考えが表出できるように2人で話し合う。

・共に活動する仲間の考えを共有できるようグループで話し合う。

・多様な考えをやりとりし、視野が広ったり深まったりすることができるようグループ全体で話し合う。

などの工夫が考えられる。また、討論する場合には、異なる複数の考えを取り上げて、それぞれに理由や根拠を明確にした主張や提案ができるよう指導する必要がある。

実社会で働く人の話を聞く活動は、子供が大人の人と対話することにより実社会に触れる貴重な機会となる。この活動では、話を聞く対象は働く人だけとは限らない。地域の古老や父母なども含め、学習に必要な情報を提供してくれる人々が対象である。ここで配慮したいことは、子供が一方的に大人の話を聞くだけにならないよう、自分たちが知りたいことを質問することによって、実社会で働く人などとのやりとりができるような授業を心掛けることである。そのためには、話をしてくれる人との事前の打ち合わせが必要である。授業の目的や趣旨は勿論のこと、想定される子供からの質問や話してもらう時間などを伝えておくことが大切である。また、複数のゲスト・ティーチャーを招いて、ゲストと少人数の子供たちが膝を交えて対話できる環境を工夫することも効果

的である。

② 「自己内対話」が生まれる言語活動を工夫する

「対話的な学び」を通して子供が自分の考えを広げたり深めたりするのは、話す聞くなどのやりとりの中で「社会的事象の見方・考え方」が働くからではないかと考えられる。とりわけ、「自分と人の考えを比べて考える」「自分と人の考えをつなげて考える」「自分の考えや多くの人の考えをまとめて考える」などの思考方法が身に付いていれば、社会的事象の特色や意義、相互の関係などが見えやすくなる。その結果、対話を通して学んだことによる成就感も得られるものと思われる。

「対話的な学び」の実現に必要だと考える授業改善の視点は、「**伝え合い**」と「**聞くこと**」である。いずれも、言語に関わる活動である。伝え合う活動では、伝えたいことを明確にし、理由や根拠を示して相手に分かりやすく伝える指導を丹念に積み上げることが必要である。聞く活動では、「聞く」（言葉を受け入れる）ことから「聴く」（注意して耳にとめる）ことへ、更に「訊く」（問うたり尋ねたりする）ことへの指導が必要である。

これらのことを実現するために、1時間の授業の中で「自分タイム」「みんなタイム」「振り返りタイム」を設けている学校がある。また、学年の発達段階を踏まえて、「**聞く**」→「**聴く**」→「**訊く**」を段階的に指導している学校もある。なお、「伝え合う」活動や「訊く」活動によって考えが広がったり深まったりする過程では、子供に「自己内対話」が生まれているのではないかと考えられる。教師は、子供の表面的な活発さだけではなく、子供の自己内対話によって生まれる内面的な意識の変化にも目を向けるようにしたい。また、友達の意見文や作品を評価したり感想を加えたりするなどの活動も、考えを広げたり深めたりする「対話的な学び」を実現するものとして大切にしたい。

3 「対話的な学び」を実現するポイント　33

= コラム =

ある高校教師の挑戦

　高校の授業では、教師が一方的に講義するスタイルが多く見られる。しかし、写真の授業を参観して、私の高校の授業のイメージはがらりと変わった。20代後半の教師の「現代社会」の授業であった。授業の課題は「自分の体は本当に自分だけのものか」である。

　この課題に対して、生徒は50分の内のおよそ40分間を、「育ててくれた人がいるから自分だけのものとはいえない。」「自分で責任を持ち1人で生きていくようになれば、自分だけのものと考えてもいいのではないか。」「自分だけのものでなければ安楽死や尊厳死は認められないことになるのではないか。」など、発言が途切れることなく討論が続いた。

　教師は、高校生が本気で議論できる授業にするために、**小学校の授業に学んだ**という。机の配置を生徒が対面できる形にする。生徒の意見をくまなく拾う。結論だけだった生徒の発言に「どうして」と理由や根拠を求める。リフレクションシートにコメントして返す。このような継続した努力が実って、生徒も自分も対話する授業が楽しくなったと話してくれた。

4 「深い学び」を実現するポイント

(1) 「深い学び」を実現するキーワード

　「深い学び」の実現についての、『小学校学習指導要領解説　社会編』「指導計画の作成と内容の取扱い」での記述は次のとおりである。

　（「深い学び」の実現には、）これらの主体的・対話的な学びを深い学びにつなげるよう指導計画を工夫、改善することが求められる。そのためには、児童の実態や教材の特性を考慮して学習過程を工夫し、児童が社会的事象の見方・考え方を働かせ、主として用語・語句などを含めた具体的な事実に関する知識を習得することにとどまらず、それらを踏まえて社会的事象の特色や意味など社会の中で使うことのできる応用性や汎用性のある概念などに関する知識を獲得するよう、問題解決的な学習を展開することが大切である。また、学んだことを生活や社会に向けて活用する場面では、社会に見られる課題を把握して、その解決に向けて社会への関わり方を選択・判断することなどの活動を重視することも大切である。

　この記述からは、「深い学び」の実現には、
・社会的事象の特色や意味など社会の中で使うことができる**応用性や汎用性のある概念などに関する知識を獲得**すること。
・学んだことを生活や社会に向けて活用する場面では、社会に見られる課題を把握して、その解決に向けて**社会への関わり方を選択・判断**すること。
が大切であると読み取ることができる。
　また、キーワードとなる「応用性や汎用性のある概念などに関する知識を獲得」したり、「社会への関わり方を選択・判断」したりするには、「児童が社会

的事象の見方・考え方を働かせて追究することができるよう、問題解決的な学習を展開すること」が大切である。

(2) 応用性や汎用性のある「概念的知識」をどのように獲得するか

「知識」には、いくつかの類型がある。その内、学習指導要領解説などでよく用いられるのは、用語や語句などに関する**「基礎的知識」**、具体的な事実に関する知識（ここでは**「具体的知識」**という）、応用性や汎用性のある概念などに関する知識（ここでは**「概念的知識」**という）である。なお、「具体的知識」については調べて分かる知識、「概念的知識」については考えて分かる知識ということもある。

「深い学び」を実現するための「概念的知識」を獲得するためには、**社会的事象の見方・考え方を働かせて**、調べて分かった「具体的知識」を比較・分類したり、まとめたり、関連付けたりする思考活動が必要になる。

例えば、第5学年の「米づくりのさかんな地域」の学習では、次ページの図のように、「空間的な視点」「時間的な視点」「相互関係的な視点」から米づくりのさかんな地域の様子を調べて、分かった事実（具体的知識）を分類したり関連付けたりして、「農家の人々は、地域の自然条件を生かしながら、工夫や努力を積み重ねて消費者の願いに応える米づくりを行っている。」という概念的知識を獲得していく。

「具体的知識」を、比較・分類したり、まとめたり、関連付けたりする思考活動では、**「例えば」**などの具体的な事実を問うことから**「つまり」**など根拠や結論を問う発問を工夫する必要がある。その結果、米づくりという事象の意味や意義、特色などを理解し、なぜ、「農家の人々は、地域の自然条件を生かしながら、工夫や努力を積み重ねて消費者の願いに応える米づくりを行っている」と言えるのかを、論理的に説明できるようになることが期待される。

なお、ここで獲得した概念的知識は、「産地の地理的位置や条件」などの空間的な視点、「自然条件を生かす、工夫や努力をしている、消費者の願いに応

える」などの相互関係的な視点、「努力を積み重ねてきた」という時間的な視点などを包含している。このような概念的知識は、他の産業を学習する際にも応用性や汎用性のあるものとして転移、応用できると考えられる。

「米づくりのさかんな地域」

【具体的知識】
*調べて分かること「例えば」
ア　新潟県の南魚沼市は日本海側の雪の多い地方にあり、米の産地として有名である。
（空間的な視点）
イ　南魚沼市では、雪によってもたらされる豊かな雪解け水を生かして米づくりをしている。
（相互関係的な視点）
ウ　米づくり農家では、種まきから出荷まで稲や水田の様子を見ながら作業をしている。
（相互関係的な視点）
エ　米づくり農家では、消費者のニーズに応え、農薬や化学肥料に頼らない工夫をしている。
（相互関係的な視点）
オ　効率良く米を生産するために、これまで機械化や耕地整理、品種改良などの工夫を行ってきた。
（時間的な視点）

【概念的知識】
*考えて分かること「つまり」

米づくりがさかんな地域では、農家の人々が、地域の自然条件を生かしながら、工夫や努力を積み重ねて消費者の願いに応える米づくりを行っている。

*この構造図は、教科書（教育出版）を基に筆者が要点を整理したもの。

(3) 社会への関わり方を選択・判断するポイントは何か

　新学習指導要領では、社会に見られる課題の解決に向けて社会への関わり方を選択・判断する学習が、いくつかの内容で示されている。第3・4学年の防災・安全・環境などのように、内容の取扱いに「自分たちにできることなどを考えたり選択・判断したりできるよう配慮すること」と明確に示されているものや、第5・6学年の産業や政治学習などのように、これからの産業の発展や社会への関わり方について自分の考えをまとめることが示されているものもある。後者は、必ずしも直接的な選択・判断を求められているわけではないが、「社会への関わり方を構想する」という意味では、考え、判断する思考活動が必要である。

　選択・判断には、子供が「社会への関わり方を意思決定する」ことが求められる。しかし、実社会の問題は、大人でも簡単に結論付けることが難しい問題である。したがって、課題解決の道筋を結論付けるということではなく、「自分たちでできること」や「これからの社会との関わり方」などについて、未来に向けた子供なりの知恵を出し合うようにすることが大切である。

　選択・判断する学習を通して「深い学び」を実現するには、以下の点が重要である。

・これまでの学習で学んだ事実が根拠となるように、**知識を整理（再構成）**することと（何を学んできたか）。
・社会への関わり方を様々な人の立場で考え、**多角的な視点から選択・判断**できるようにすること（どんな考え方があるか）。
・選択・判断の基になる**理由や根拠が伝わるような言語活動**を重視すること（自分はなぜそう考えたか）。

　「深い学び」の実現には、**「論理的思考力」**の育成が不可欠である。学力調査等で課題が指摘されている能力であるが、社会科のみならず、国語をはじめとする各教科等の指導でも、言語活動の一層の充実が求められる。

38　第2章　授業づくりのコツ

╔══════════════════════════════════╗
║ コラム

「タイマー」を使った授業

　最近の授業で気になることの１つに「タイマー」を使った授業がある。子供に「何分間で調べて下さい。書いて下さい。」と指示すると同時に、タイマーのスイッチを押す教師が何と多いことか。私は、「またか、○分間では無理だろう。」と思って子供の様子を見ることが多い。

　タイマーが鳴って時間になると、先生は「もっと時間が欲しい人？」と問う。大半の子供が「欲しい。」といい、先生は「では後○分。」と言ってタイマーをリセットする。

　この場面には、授業づくりに関するいくつかの問題がある。時間が足りないのは先生の**見通しが足りない**からだ。作業中に鳴る機械的なタイマーの音で、子供の思考が途切れてしまうこともいただけない。子供の作業を見守るのは、タイマーではなく先生の目と心ではないのだろうか。タイマー任せでは子供に寄り添った授業は遠ざかっていくのではないだろうか。

子供の姿を見て授業の腕を磨こう

　授業の腕を上げるには、何より**子供の心に寄り添って授業を展開**する必要がある。子供が想定した時間で作業を終えられないときには、自分の見込みが甘かったと考えて、熱心に活動する子供の姿を見守ることだ。机間指導を行いながら、子供の定着度を確かめて次の展開を考えることも大切である。

　少なくとも、子供の様子をしっかり見とることができれば、「では後○分。」とか「できた人は手をあげて。」などという言葉ではなく、「よく頑張ったね。」の一言をかけることができるようになる。その結果、子供は先生を信頼し本気で学ぶようになる。

　先生の都合が優先する授業では、「主体的な学び」や「深い学び」は生まれない。授業改善の視点は、足下の身近なところにあることを考えたいものである。

4 「深い学び」を実現するポイント　39

第3章

新しい内容の教材化と実践のヒント

　新学習指導要領の内容は、これまでとは異なり、学年別に示されている。内容にも多くの変化があり、教材化や実践の準備が必要である。

　この章では、「新しい内容構成の特徴と各学年の改善内容」を俯瞰し、

第3学年「身近な地域や市の様子（市役所など主な公共施設）」「市の様子の移り変わり」

第4学年「自然災害から人々を守る活動」「県内の伝統や文化」「県内の特色ある地域の様子（国際交流に取り組んでいる地域）」

第5学年「我が国の工業生産（貿易や運輸の役割）」「我が国の産業と情報との関わり（情報を生かして発展する産業）」

第6学年「我が国の政治の働き（地域の開発や活性化）」「我が国の歴史上の主な事象（当時の世界との関わり）」

について、「主体的・対話的で深い学び」を実現するための教材化と実践のヒントを考えてみたい。

1 新しい内容構成の特徴と各学年の改善内容

(1) 現代的な課題への対応

　中央教育審議会答申（平成28年12月）では、小学校社会科の具体的な改善事項として「社会に見られる課題を把握して、その解決に向けて構想する力を養うためには、現行学習指導要領において充実された伝統・文化等に関する様々な理解を引き続き深めつつ、将来につながる現代的な諸課題を踏まえた教育内容の見直しを図ることが必要である。」と述べ、以下の内容の見直しが提言された。
(1)　世界の国々との関わりへの関心を高めるようにすること。
(2)　政治の働きへの関心を高めるようにすること。
(3)　自然災害時における地方公共団体の働きや地域の人々の工夫・努力等に関する指導を充実させること。
(4)　少子高齢化等による地域社会の変化を取り上げること。
(5)　情報化に伴う生活や産業の変化などを踏まえた教育内容を見直すこと。
　これらの将来につながる現代的な諸課題とされる教育内容は、課題に向かってこれからの社会を生きる子供たちに必要不可欠な教育内容である。このような考えを実現するために、各学校段階を通して教育内容の見直しが行われ、小学校社会科では、以下のような内容を中心に見直しが行われることになった。

42　第3章　新しい内容の教材化と実践のヒント

【現代的な諸課題】	【小学校社会科の改善内容】
・我が国固有の領土 ・グローバル化への対応 ・主権者教育 ・持続可能な社会の形成 ・国土の防災・安全 ・情報化による産業構造の変化 ・少子高齢化等による地域社会の 　変化　　　等	・世界の国々との関わり ・政治の働きへの関心 ・自然災害時の地方公共団体の働きや 　人々の努力 ・少子高齢化に伴う地域社会の変化 ・情報化に伴う生活や産業の変化

(2)　現代的な課題と各学年の主な改善内容

①　世界の国々との関わりへの関心を高める内容

　この内容改善の視点は、グローバル化する社会への対応を考慮し、小学校生活全体を通して世界に目を向け、世界の事柄に関心がもてる子供を育てようとするものである。新たに示された内容は次のとおりである。

第3学年内容(2)「地域に見られる生産や販売の仕事」 では、

> イ(イ)　消費者の願い、販売の仕方、他地域や<u>外国との関わり</u>などに着目して、販売に携わっている人々の仕事の様子を捉え、それらの仕事に見られる工夫を考え、表現すること。
> 　　　　　　　　　　　　　　　　　　　　　　　　　　　（下線は筆者。以下も同様）

となっている。また、内容の取扱いには、

> イ　「他地域や外国との関わり」を扱う際には、地図帳などを使用して都道府県や<u>国の名称と位置</u>などを調べるようにすること。
> ウ　我が国や<u>外国には国旗があること</u>を理解し、それを尊重する態度を養うよう配慮すること。

■新しい内容構成の特徴と各学年の改善内容　43

が示されている。

　ここでの学習は、店で売られている商品には、外国産の物があることなどに着目し、地図帳などを活用して外国の位置を調べることが考えられる。その際、外国の国旗についても調べることができるようにすることが求められる。なお、このような学習をスムーズに行うことができるように、これまで第4学年から配布されていた**地図帳が第3学年から配布**される。

　第4学年内容(5)「県内の特色ある地域の様子」では、内容の取扱いで、

> ア　県内の特色ある地域が大まかに分かるようにするとともに、伝統的な技術を生かした地場産業が盛んな地域、国際交流に取り組んでいる地域及び地域の資源を保護・活用している地域を取り上げること。

が示されている。

　ここでは、「県内の特色ある地域の様子」を理解する事例として、新たに「国際交流に取り組んでいる地域」を取り上げることが求められる。「国際交流に取り組んでいる地域」とは、姉妹都市提携などを結び外国の都市と様々な交流を行っている地域や、国際都市を目指して市内で交流活動を盛んに行っている地域などのことである。ここでの学習は、国際交流が盛んな地域と交流を行っている諸外国の位置を地図で確かめたり、交流の背景や内容を調べたりするなどの活動が考えられる。

　第5学年内容(3)「我が国の工業生産」では、

> イ(ウ)　交通網の広がり、外国との関わりなどに着目して、貿易や運輸の様子を捉え、それらの役割を考え、表現すること。

が示されている。

　ここでの学習は、地図や地球儀、統計などの資料を活用して原材料や工業製品の輸出入に関する貿易相手国を調べたり、我が国の工業生産において貿易が果たす役割を考えたりすることが大切である。

　第6学年内容(2)「我が国の歴史上の主な事象」の内容の取扱いで、

> オ　アの(イ)から(サ)までについては、<u>当時の世界との関わりにも目を向け</u>、我が国の
> 歴史を広い視野から捉えられるよう配慮すること。

が示されている。

　ここでは、世界の国々との関わりが深い歴史上の主な事象、例えば、「大陸
文化の摂取」「元との戦い」「キリスト教の伝来」「黒船の来航」「日清・日露の
戦争」「我が国に関わる第二次世界大戦」などを取り上げる際に、地図などを
活用して当時の世界の動きにも目を向けて我が国の歴史が理解できるようにす
ることが大切である。

②　政治の働きへの関心を高める内容

　この内容は、18歳選挙権の実施に伴い、児童に主権者としての意識を育むこ
とに配慮したものであり、新たに加えられたものは以下のとおりである。

第3学年内容(1)「身近な地域や市区町村の様子」では、

> イ(ア)　都道府県内における市の位置、市の地形や土地利用、交通の広がり、<u>市役所</u>
> <u>など主な公共施設の場所と働き</u>、古くから残る建造物の分布などに着目して、身
> 近な地域や市の様子を捉え、場所による違いを考え、表現すること。

が示されている。

　ここでは、市の様子を調べる際に、主な公共施設の1つとして「市役所」を
取り上げることになる。公共施設の1つとして市役所を取り上げることによっ
て、子供にとって最も身近に存在する政治の働きへの関心が芽生えることが期
待される。

第3学年内容(4)「市の様子の移り変わり」では、

> イ(ア)　交通や公共施設、土地利用や人口、生活の道具などの時期による違いに着目
> して、市や人々の生活の様子を捉え、それらの変化を考え、表現すること。

が示されており、内容の取扱いでは、

■新しい内容構成の特徴と各学年の改善内容　45

> イ イの(イ)の「公共施設」については、市が公共施設の整備を進めてきたことを取り上げること。その際、租税の役割に触れること。

としている。

　ここでの学習は、市の様子の移り変わりの要因の１つとして公共施設を取り上げる際、公共施設の建設や運営には市が関わってきたことやその建設には租税が重要な役割を果たしていることに触れ、身近な政治の働きに関心をもたせるようにすることが期待される。

　第４学年内容(3)「自然災害から人々を守る活動」では、

> ア(ア)　地域の関係機関や人々は、自然災害に対し、様々な協力をして対処してきたことや、今後想定される災害に対し、様々な備えをしていることを理解すること。

が示されており、内容の取扱いでは、

> イ　「関係機関」については、県庁や市役所の働きなどを中心に取り上げ、防災情報の発信、避難体制の確保などの働き、自衛隊など国の機関との関わりを取り上げること。

とされている。ここでの学習は、県や市、国などが連携・協力して人々の安全を守る活動を行っていることを理解できるようにする。

　第６学年内容(1)「我が国の政治の働き」では、内容の取扱いで、

> ア　（日本国憲法の基本的な考え方）に関わって、国民としての政治の関わり方について多角的に考えて、自分の考えをまとめることができるよう配慮すること。

が示され、政治に対する参画意識を促すことが求められている。

　新学習指導要領では、主権者教育の充実の観点から、「歴史」と「政治」の順番を入れ替え、「我が国の政治の働き」の学習を先に行うように配列を変更している。また、「日本国憲法」と「国や地方公共団体の政治」の学習の順番を入れ替えることにより、「日本国憲法の基本的な考え方」を理解した上で、「国や地方

46　第３章　新しい内容の教材化と実践のヒント

公共団体の政治は、国民主権の考え方の下、国民生活の安定と向上を図る大切な働きをしていることを理解すること。」ができるように考えられている。

③　**自然災害時の地方公共団体の働きや地域の人々の努力に関する内容**

この内容改善の視点は、防災・安全に関する教育の一層の充実を図ることに配慮したものである。

第4学年内容⑶「自然災害から人々を守る活動」では、

ア(ア)　地域の関係機関や人々は、自然災害に対し、様々な協力をして対処してきたことや、今後想定される災害に対し、様々な備えをしていることを理解すること。

イ(ア)　過去に発生した地域の自然災害、関係機関の協力などに着目して、災害から人々を守る活動を捉え、その働きを考え、表現すること。

が示された。

これまでは、3・4年生の「災害及び事故の防止」の中で、火災・風水害・地震などの中から選択して取り上げられていたものを、第3学年で「地域の安全を守る働き」として火災と事故を取り上げることとし、第4学年では「自然災害から人々を守る活動」を新設したものである。なお、第5学年で「国土の環境と自然災害」を、第6学年の国や地方公共団体の政治で「自然災害からの復旧・復興」を扱う（選択）ことにより、各学年を通して防災・安全に関わる学習が展開できるようになる。

④　**少子高齢化等による地域社会の変化に関する内容**

この内容改善の視点は、人口の減少や人口構成の変化等により変化する地域社会の様子を学習することによって、よりよい地域社会の創造に関心がもてるようにすることにある。

第3学年内容⑷「市の様子の移り変わり」では、

イ(ア)　交通や公共施設、土地利用や人口、生活の道具などの時期による違いに着目して、市や人々の生活の様子を捉え、それらの変化を考え、表現すること。

が示されており、内容の取扱いでは、

■新しい内容構成の特徴と各学年の改善内容　47

> ウ　イの(ｱ)の「人口」を取り上げる際には、<u>少子高齢化</u>、国際化などに触れ、これからの市の発展について考えることができるよう配慮すること。

としている。

　ここでの学習は、市の様子の移り変わりの要因の1つとして人口を取り上げる。その際、人口の増減を土地利用や公共施設の変化、生活に使われていた道具の変化などとも関連付けて、市の移り変わりの様子を捉えるようにすることが大切である。少子高齢化の推移状況は、市によって違いがあるため、資料の活用に当たっては、市役所などが作成している資料を活用したり市役所の人の話を聞いたりするとともに、これからの市の発展に関心をもつようにすることが大切である。

　新学習指導要領で、少子高齢化を直接扱うのは、第3学年内容(4)「市の様子の移り変わり」だけである。しかし、ここで育まれた少子高齢化についての「見方・考え方」は、第5学年内容(2)「我が国の農業や水産業における食料生産」や第5学年内容(3)「我が国の工業生産」などで学習する「働く人々の工夫や努力」の内容に関わって、後継者の問題や労働形態の変化などの学習や第6学年「国や地方公共団体の政治」での「地域の開発や活性化」などの学習につながっていくものと考えられる。

⑤　情報化に伴う生活や産業の変化に関する内容

　この内容改善の視点は、情報化の進展に伴い生活や産業が大きく変化していることから、情報化に関わるより適切な内容構成への見直しを図ろうとするものである。

第5学年内容(4)「我が国の産業と情報の関わり」では

> ア(ｲ)　<u>大量の情報や情報通信技術の活用</u>は、様々な産業を発展させ、国民生活を向上させていることを理解すること。
>
> イ(ｲ)　情報の種類、情報の活用の仕方などに着目して、<u>産業における情報活用の現状</u>を捉え、情報を生かして発展する産業が国民生活に果たす役割を考え、表現すること。

が示されている。また、内容の取扱いには、

> イ　アの(イ)及びイの(イ)については、<u>情報や情報技術を活用して発展している販売、運輸、観光、医療、福祉などに関わる産業</u>の中から選択して取り上げること。その際、産業と国民の立場から多角的に考えて、情報化の進展に伴う産業の発展や国民生活の向上について、自分の考えをまとめることができるよう配慮すること。

としている。

　「情報を生かして発展する産業」に関する内容は、我が国の情報産業の現状を踏まえて、これまでの「情報化した社会の様子と国民生活」に代わって新設されたものである。ここでは、情報や情報技術を活用して発展している販売、運輸、観光、医療、福祉などに関わる産業の中から、いくつかを選択して取り上げることになる。

　取り上げる事例としては、販売情報を収集・分析して商品の入荷量や販売状況を予測したり、インターネット上で商品の管理を行ったりしている販売業、道路の交通情報や位置情報、正確な気象情報を収集・分析し安全で効率的な輸送に生かしている運輸業、魅力ある地域の観光資源について情報を発信して地域の活性化に努めている観光業、様々な機関と連携したり離れた地域間で情報を共有したりすることによりサービスの向上に努めている医療や福祉などの産業などが考えられる。

　今回の学習指導要領で、直接「情報化に伴う生活や産業の変化に関する内容」を扱うのは、第5学年内容(4)「我が国の産業と情報の関わり」だけである。しかし、ここで育まれた情報化に伴う変化についての「見方・考え方」や情報活用能力は、社会の変化を見る目を養い、その後の学習や他の教科等の学習に発展していくものと考えられる。

② 第3学年の教材化と実践のヒント

【第3学年・新学習指導要領の内容と改善点（下線部分）】
(1) 身近な地域や市（区町村）の様子　＊<u>市役所などの公共施設</u>
(2) 地域に見られる生産や販売の仕事
(3) 地域の安全を守る働き
(4) <u>市の様子の移り変わり</u>

(1)　身近な地域や市の様子

①　どこが変わったか

この内容は、学習指導要領では、以下のように示されている。

---

(1)　身近な地域や市の様子について、学習の問題を追究・解決する活動を通して、次の事項を身に付けることができるよう指導する。
ア　次のような知識及び技能を身に付けること。
　(ア)　身近な地域や自分たちの市の様子を大まかに理解すること。
　(イ)　観察・調査したり地図などの資料で調べたりして、白地図などにまとめること。
イ　次のような思考力、判断力、表現力等を身に付けること。
　(ア)　都道府県内における市の位置、市の地形や土地利用、交通の広がり、市役所など主な公共施設の場所と働き、古くから残る建造物の分布などに着目して、身近な地域や市の様子を捉え、場所による違いを考え、表現すること。

　内容としてはこれまでと大きく変わるところはない。身近な地域や市の様子を捉える着眼点として、市の地形や土地利用、交通の広がり、主な公共施設の

50　第3章　新しい内容の教材化と実践のヒント

場所と働き、古くから残る建造物の分布をあげている点は従来と変わらない。しかし、主な公共施設については、「市役所などの」とあり、公共施設の1つとして、市役所の場所と働きを取り上げることが変更点である。

　②　「市役所の働き」ではどのような内容を取り上げるか

　市役所には、多いところで500種類を超える仕事があるといわれている。例えば、

・窓口業務（戸籍・住民票などに関する手続きなど）

・産業振興（地元企業の支援、企業誘致など）

・防災（ハザードマップの作成、避難所の設置など）

・福祉・教育の推進（生活保護の相談、教育施策の実行など）

・観光施策（花火大会、マラソン大会の運営など）

・広報（地域広報誌の作成、ホームページの更新など）

・道路工事の設計・現場管理

・都市計画の立案サポート

・建築に関する違反確認・指導、騒音・振動の立入検査や測定

などである。

　社会科に出合ったばかりの子供たちに、網羅的に市役所の仕事を解説する必要はない。これらの仕事の中から、子供の目に見えやすい仕事を取り上げて、市役所が「地域住民が日々快適に過ごせるようにサポートしている」という働きを理解できるようにすることが大切である。

　市役所の働きを理解できるようにするために、2年間にわたって研究してきた東京都中野区小学校社会科研究会の実践では、

・窓口業務は子供が理解するのは難しい。

・学校建築や学校備品、給食などの学校施策に関する内容は理解しやすい。

・目に見えやすい公園の整備や防災施設・設備の整備は、働きが分かりやすい。

などの成果が見られた。（次ページの板書は教育委員会や防災課の方をゲストティーチャーに招いて行った授業の一部である）

2第3学年の教材化と実践のヒント　51

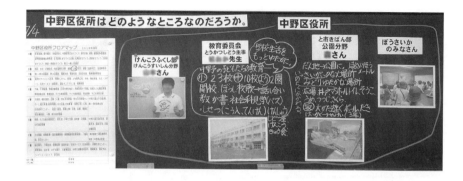

　ここでは、市役所の働きに多くの時間を割くことはできないが、この後の単元につながる内容として、「ごみの処理」や「災害への対応」などを取り上げることも考えられる。

③ 「主体的・対話的で深い学び」を実現する実践のポイント

ア 「市役所はだれのために仕事をしているか」の視点で追究

　市役所の働きを追究するためには、**子供の目に見えやすい仕事**を取り上げる。追究に当たっては、「どのような仕事があるか」から「だれのために仕事をしているか」へと視点を発展させ、子供の予想を交えて追究の見通しをもたせるようにしたい。

イ 市役所で働く人と対話する

　この単元は、子供たちが身近な地域や市の様子を直接**観察**したり**聞き取り調査**をしたりできるようにすることがポイントである。目で見たこと、耳で聞いたことなどが、身近な地域や市の様子の見方を広げたり深めたりすることにつながるからである。

　できれば、地域巡りや市内巡りで市役所を訪問し、市の職員の方に話を聞く機会を設けたい。訪問して話を聞くことが難しければ、市の職員の方を教室にゲスト・ティーチャーとしてお呼びし、話を聞くことも考えられる。いずれの場合にも、子供が市の職員の方から聞き取ることができるように、質問等を準備しておくことが大切である。

ウ　白地図にまとめ、場所による違いを説明する

　この単元は、市役所などの公共施設のほかにも、身近な地域や市の様子を知るための着眼点がある。市の地形や土地利用、交通の広がり、古くから残る建造物の分布などである。これらがどのように広がり分布しているかを白地図に表すことは、**空間的な視点から身近な地域や市の様子を捉える**ことである。その上で、場所による違いがあるのはなぜかを、それぞれの着眼点を関連付けて説明できるようになることが期待される。なお、ここで学んだ市の土地利用、交通の広がり、公共施設の働きは、第3学年の「市の移り変わり」を追究する際の着眼点でもあり、転移・応用できる知識となることが期待される。

⑵　市の様子の移り変わり

①　どこが変わったか

　この内容は、学習指導要領では、以下のように示されている。

⑷　市の様子の移り変わりについて、学習の問題を追究・解決する活動を通して、次の事項を身に付けることができるよう指導する。

ア　次のような知識及び技能を身に付けること。

　㋐　市の人々の生活の様子は、時間の経過に伴い、移り変わってきたことを理解すること。

　㋑　聞き取り調査をしたり地図などの資料で調べたりして、年表などにまとめること。

イ　次のような思考力、判断力、表現力等を身に付けること。

　㋐　交通や公共施設、土地利用や人口、生活の道具などの時期による違いに着目して、市の人々の生活の様子を捉え、それらの変化を考え、表現すること。

　この内容は、従来の「古くから残る暮らしにかかわる道具、それらを使っていた頃の暮らしの様子」に代わって設けられたものである。

　ここでは、市の人々の生活の様子が移り変わってきたことを、交通や公共施

設、土地利用や人口、生活の道具などを手掛かりとして理解することがねらいである。

② 教材化の着眼点

ア　いつの時代を取り上げるか

　時間的な認識は、空間的な認識に比べ、子供には理解が難しいと言われている。いつの時代まで遡って教材を提示するかが第1の課題である。平成元年版の「市を中心とした地域の人々の生活」では、およそ100年くらいの間の家具や道具、交通などの変化を手掛かりとした。平成11年版と20年版の「古くから残る暮らしにかかわる道具と、それらを使っていた頃の暮らしの様子」では、地域の高齢者が子供の頃、父母が子供の頃、現在の3つの時期を例示している。これらの時期は、子供が具体物に手を触れたり、直接聞き取りをしたりすることが可能な時期であることを念頭に置いている。

　新学習指導要領では、取り上げる時期について一律の例示はない。それぞれの市によって、交通、公共施設、土地利用、人口などが**大きく変わった時期に着目**することがポイントである。

イ　どのような教材を準備するか

　ここでは、地域や市独自の学習であるため、教科書の教材が全て利用できるわけではない。教科書での教材の用い方を参考にしながら、それぞれの**地域や学校で次のような教材を開発**する必要がある。

・交通…………鉄道路線図　幹線道路等の地図　写真
・公共施設……公共施設マップ　写真
・土地利用……地域や市の航空写真　土地利用図　写真
・人口…………人口の推移グラフ（市区町村の統計資料）
・生活の道具…資料館や博物館の実物資料　写真

　例えば、人口に着目すると大きく変化した時期や将来の予測が分かる。

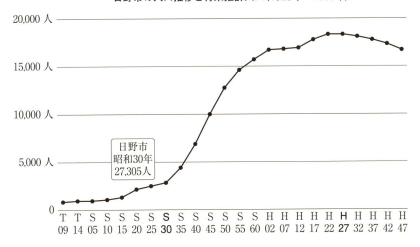

日野市の人口推移と将来推計人口（1920年〜2035年）

　このグラフは、東京都日野市の1920（大正9）年〜2035年までの人口の推移と将来推計である。昭和30年の27,305人を基点に、その後人口が急増し、平成27年ではおよそ18万人に至っていることを読み取ることができる。また、将来推計から、今後は人口が減少していくと予測されていることも読み取ることができる。このことから、昭和30年を基点として、当時の交通や公共施設、土地利用の様子を関連付けて追究することにより、市が変わってきた背景や発展してきた理由に迫れるものと思われる。

　ウ　どのような学習活動を工夫するか

　新学習指導要領の技能の目標に、「聞き取り調査をしたり地図などの資料で調べたりして」とある。地域の古老や博物館の学芸員などからの聞き取りの機会を設けるとよい。また、第1単元「身近な地域や市の様子」で作成した**現在の地図と昔の地図を比べる**ことによって、土地利用や公共施設の位置や有無、鉄道や道路の変化などが一目瞭然になることが期待される。生活の道具については、観察するだけではなく、時間がとれれば実際に使ってみることも考えられる。

2 第3学年の教材化と実践のヒント　55

③ 指導計画例

【A案】 くらしの移り変わりと市の移り変わりを分けて展開する例

問いと主な学習活動	資料等
(1) **変わる道具とくらし** ○私たちの周りには、どのような昔の道具があるのだろう。(2時間) ・郷土資料室や家にある古い道具を探す。 学習問題「道具が変わることで、人々のくらしはどのように変わってきたのだろう。」 ○昔の道具が使われていた頃は、どのようなくらしをしていたのだろう。(3時間) ・郷土資料館の見学 ・昔のくらしをインタビュー ○道具とともに、くらしの様子はどのように変わってきたのだろう。(2時間) ・昔と今の道具、くらしの様子を比較する。 (2) **市の移り変わり** ○駅の様子は、昔と今ではどこが違うのだろう。(2時間) ・昔と今の駅や利用客の様子を比較する。 学習問題「市の様子は、どのように変わってきたのだろう。」 ○交通の様子、土地の使われ方、人口は、それぞれどのように変わってきたのだろう。(4時間) ・昭和30年頃と現在を比較する。 ○公共施設はどのようにつくられ、利用されているのだろう。(2時間) ・公共施設の広がりを年表と地図で表す。 ○これからの市は、どのように変わっていくのだろう。(2時間) ・今後の変化や発展を考え、説明する。	・古い道具 ・郷土資料館の展示物 ・道具体験 ・駅の写真 ・交通網 ・土地利用図 ・人口グラフ ・公共施設マップ ・市の広報

【B案】 視点を関連付け、時期ごとに市の様子を調べて考察した例

問いと主な学習活動	資料等
○昔の地域の様子や人々の生活の様子は、どのようなものだったのだろう。（2時間） ・昭和初期・中期・現在の商店街や家庭生活の様子を比べる。 学習問題「市の様子や人々の生活の様子はどのように変わってきたのだろう。」	・商店街と民家の写真
○それぞれの時期の市は、どのような様子だったのだろう。（5時間） ・人口、交通、土地利用、公共施設に着目して、それぞれの時期の様子を比べて年表にまとめる。	・人口グラフ ・交通網地図 ・土地利用図 ・公共教施設の写真
○それぞれの時期の市の人々の生活は、どのような様子だったのだろう。（5時間） ・生活の道具を調べたり、聞き取り調査をして生活の様子の変化を年表にまとめる。	・生活の道具 ・道具年表
○市は、どのように変わってきたのだろう。（3時間） ・まとめた年表から、市の移り変わりと生活の移り変わりを関連付ける。	・市の空中写真 ・市の年表
○これからの私たちの市は、どのように発展していくのだろう。（2時間） ・これからの市の発展について、意見文を書く。	・市のビジョン

　A案は「人々のくらし」と「市の移り変わり」を小単元に分けて展開し、市の移り変わりでは、交通の様子、土地の使われ方、人口、公共施設の変化に着目し追究するスタイルをとっている。一方、B案では、昭和初期・中期・現在の3つの時期に区分して、時期ごとに市の様子の移り変わりを追究している。

　どちらがよいとは一概には言えないが、共通点は単元の導入で身近な地域の暮らしの変化を扱っていることである。大切なことは、3年生では難しいと言われる子供の歴史認識がどのように養われていくかをしっかり見極めることである。子供の姿に学び、今後、様々な改善がなされていくことを期待したい。

2第3学年の教材化と実践のヒント　57

④ 「主体的・対話的で深い学び」を実現する実践のポイント

ア 身近な暮らしの変化を取り上げ、興味・関心を引き出す

　子供が追究意欲や見通しをもって学習できるようにするには、身近な暮らしの変化など、**子供の興味・関心が生まれやすい教材や活動**を工夫する必要がある。昔の暮らしの写真を提示した場合には、教師が解説をするのではなく、子供に、「何をしている様子か、人の服装や表情、家や周りの様子はどのようか」など、目に見えるものをありのままに読み取らせることが大切である。読み取りが正しかったかどうかより、子供に読み取った背景を考えさせることにより、そのことを確かめようとする追究の見通しが立てられる。このことは、グラフや地図などの読み取りにおいても同様である。昔の様子で興味のあることや調べてみたいことが膨らめば、主体的な学びに踏み出す第一歩が生まれる。

イ 郷土資料館などでの聞き取り調査を行う

　地域の古老や博物館の学芸員などからの聞き取りの機会を設けるとよいことは、先にも述べた。このような**聞き取り調査を効果的に行う**ためには、ゲスト・ティーチャーなどの一方的な説明を聞くことにならないよう、子供に何を知りたいのかをはっきりさせたい。その上で、相手とのやりとりができるようにし、自分の考えを広げたり深めたりできる機会になるよう有効に活用させたい。写真や実物などを交えてやりとりすることも、考えを広げたり深めたりする上で効果的である。

　なお、かつて行っていた「古くから残る生活の道具」を用いた体験的な活動は、時間的に困難が伴うものと思われる。その場合には、課外学習や家庭学習として行い、学んだことを教室の授業に取り入れ、感想などを交換し学びを深め合うことも考えられる。

ウ 見方・考え方を働かせて年表を整理する

　「身近な地域や市の様子」と「市の様子の移り変わり」の単元で、様子や移り変わりを捉える視点には共通点がある。

58　第3章 新しい内容の教材化と実践のヒント

【市の様子を捉える視点】	【市の移り変わりを捉える視点】
・市の位置　・市の地形や土地利用 ・交通の広がり ・主な公共施設の場所と働き ・古くから残る建造物の分布	・交通　　　　・公共施設 ・土地利用　　・人口 ・生活の道具 などの時期による違い

このうち、交通、土地利用、公共施設は共通の視点である。**共通の視点を重ねて市の様子の変化を考える**ことは、これまでの学習を発展させて理解を深めることになる。また、これらの視点は次のように年表に整理することもできる。

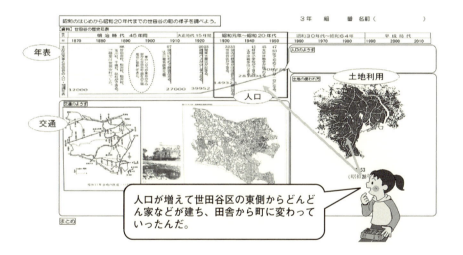

❸ 第4学年の教材化と実践のヒント

【第4学年・新学習指導要領の内容と改善点（下線部分）】
(1) 都道府県の様子
(2) 人々の健康や生活環境を支える事業
(3) 自然災害から人々を守る活動
(4) 県内の伝統や文化、先人の働き
(5) 県内の特色ある地域の様子　＊国際交流に取り組んでいる地域

---

(1) 自然災害から人々を守る活動

① 何を学ぶのか

この内容は、学習指導要領では、以下のように示されている。

---

(3) 自然災害から人々を守る活動について、学習の問題を追究・解決する活動を通して、次の事項を身に付けることができるよう指導する。

ア　次のような知識及び技能を身に付けること。

　(ア) 地域の関係機関や人々は、自然災害に対し、様々な協力をして対処してきたことや、今後想定される災害に対し、様々な備えをしていることを理解すること。

　(イ) 聞き取り調査をしたり地図や年表などの資料で調べたりして、まとめること。

イ　次のような思考力、判断力、表現力等を身に付けること。

　(ア) 過去に発生した地域の自然災害、関係機関の協力などに着目して、災害から人々を守る活動を捉え、その働きを考え、表現すること。

　この内容は、防災・安全に関する課題に対応する観点から、自然災害時の地方公共団体の働きや人々の努力を扱うために新設されたものである。

60　第3章　新しい内容の教材化と実践のヒント

この学習では、実際に過去に地域をおそった自然災害を教訓にして、いざという時の関係機関の対処や、自分たちの自助や共助の在り方について学ぶことが大切である。

② **教材の着眼点**

ア　どのような自然災害を取り上げるか

取り上げる自然災害については、「地震災害、津波災害、風水害、火山災害、雪害などの中から、過去に県内で発生したものを選択して取り上げること」とされている。「災害は忘れた頃にやってくる」とも「繰り返してやってくる」とも言われる。過去に起こった災害は100年くらい前まで遡って調べておく必要がある。その上で**各県や市、学校の実態**に即して、最も対策が必要だと思われる自然災害を選択するようにしたい。

イ　どのような教材を準備するか

ここでは、地域や県独自の学習であるため、教科書の教材が全て利用できるわけではない。教科書での教材の用い方を参考にしながら、それぞれの**地域や学校で次のような教材を開発**する必要がある。

・自然災害年表（およそ100年以上は遡れるもの）
・自然災害の危険度マップ（各県で公表しているものを入手する）
・過去の自然災害の写真（図書などから入手する）
・県や市などの災害マップ（避難所・避難施設など）
・県や市の地域防災計画（ほとんどが公表されている）

次ページの年表は、1910年以降に東京都で起こった大規模な自然災害の年表である。この年表からは、自然災害の種類によって被災地が異なっていることや繰り返して被害が発生していることなどを捉えることができる。

ウ　どのような学習活動を工夫するか

市役所や地域の防災組織などの**関係者からの聞き取り**する機会を設けるとよい。また、災害年表や防災マップなどの読み取りの時間を確保し、情報活用技能を高めるようにしたい。自助や共助の大切さが自覚できるよう「自分たちでできることなどを考えたり、選択・判断したりできるよう配慮すること」も大切である。

❸第4学年の教材化と実践のヒント　61

【東京都で起こった大規模な自然災害】

災害発生年	災害の種類	被害にあった主な場所	被害の状況
1910年	関東大水害	関東地方	死者・不明者848人
1917年	高潮（台風）	東京湾沿岸	死者・不明者1301人
1923年	関東大震災	関東全域	死者・不明者10万人超
1940年	噴火	三宅島	死者11人
1947年	洪水（台風）	江戸川区・葛飾区・足立区	死者・不明者1930人
1986年	噴火	伊豆大島	全島民避難
2000年	噴火	三宅島	全島民避難
2011年	東日本大震災	港区・足立区・北区	死者58人（都内のみ）
2013年	土石流	伊豆大島	死者40人

③ 指導計画例

【A案】 地震と津波を取り上げた展開例

問いと主な学習活動	資料等
○私たちの地域には、地震や津波に対するどのような備えがあるのだろう。（2時間） 　・予想したり疑問を出し合ったりして学習問題をつくる。 学習問題「私たちの地域では、地震や津波に備えてどのような取り組みをしているのだろう。」 ○市や県、国では、地震や津波に備えてどのような取り組みをしているのだろう。（2時間） 　・市役所の防災担当者に聞き取りをする。 ○市や県、国では、地震や津波に関する情報を、どのようにして住民に伝えているのだろう。（1時間） 　・防災情報のしくみやハザードマップを調べる。 ○地震や津波に備えて、市はどのような施設や設備を設けているのだろう。（1時間） 　・学校や公園の施設や設備、津波避難タワーを調べる。	・避難所の看板（写真） ・地震や津波から住民を守るしくみ（図） ・防災無線機 ・ハザードマップ ・避難所の施設や設備（写真）

問いと主な学習活動	資料等
○私たちの地域では、過去にどのような地震や津波が起こったのだろう。（1時間） ・自治会の防災訓練や協力の様子を調べる。 ○地震や津波から身を守るために、どのような取り組みがあるだろう。（2時間）	・災害年表 ・被害の様子（昔の絵） ・防災倉庫 ・防災訓練（写真） ・夜の避難訓練（動画）

【B案】 水害を取り上げた展開例

問いと主な学習活動	資料等
○過去に水害が起こったとき、地域の様子はどのようになったのだろう。（1時間） ・過去の水害の様子を調べる。 学習問題「私たちの地域では、水害に備えてどのような取り組みをしているのだろう。」 ○私たちの地域では、なぜ、水害が起こったのだろう。（2時間） ・過去の水害の様子を水防学習館で調べる。 ○市は、水害に備えてどのような取り組みをしているのだろう。（2時間） ・市役所の担当者の話を聞き取る。 ○市や県、国では、水害に備えてどのような取り組みをしているのだろう。（1時間） ・水害を繰り返さないための河川改修の様子を調べる。 ○地域の住民は、水害に対して、どのように備えているのだろう。（2時間） ・消防団員や地域住民から聞き取りをする。 ○学習問題について考えたことをまとめよう。（2時間） ・これまでの学習を振り返り、自分たちでできることなどをまとめて発表する。	・水害の様子 ・水害の碑（写真） ・水害の年表 ・水害が起きた地域の地図 ・水害から住民を守るしくみ（図） ・河川防災ステーションのしくみ（図） ・水防倉庫 ・逃げどきマップ ・児童ノート

3 第4学年の教材化と実践のヒント　63

A案・B案ともに、実際に地域で起こった自然災害を教材として、見学や聞き取り調査を中心にして、地域の関係機関や人々の自然災害への取組を追究する点に特徴がある。

④ 「主体的・対話的で深い学び」を実現する実践のポイント

ア 自然災害を自分事として捉える

なぜ、過去に発生した地域の自然災害を学習するのか。地域の人々が経験した自然災害を自分事として捉え、自分たちでできることを考えるようにするためである。そのために、災害年表、被災写真、被災の様子を伝える石碑、新聞記事、ハザードマップなどの各種資料から、**いつ自分も遭遇するかも知れないという意識**をもたせたい。選択する教材は過去に起こった県内の自然災害であるが、県内でもいろいろな種類の災害が起こっていることを考えると一律である必要はない。取り上げる具体例は地域密着型がお勧めである。そのことが、学びの見通しや振り返りを確かなものにし、主体的な学びが実現できると考えるからである。

イ 市役所や関係機関の人に聞き取る

自然災害に備えて、市、県、国などの関係機関、地域の人々などが様々な対応に力を尽くしている。このような立場の人の話を聞くことができれば、専門的な立場からの自然災害への備えを理解することができる。中でも、比較的身近な立場の市の防災課の方々や消防団、町内会の方々は、いざという時に、直接自分たちと行動を共にする方々である。このような方々に災害への備えを伺い、同時に**共にできることを考える**ようにしたい。対話的な学びが共助の実践につながることを期待したい。

ウ 見方・考え方を働かせて選択・判断する

この単元では、「これまで、県ではどのような自然災害が起こっているか」（時間的）、「どこで、どのような被害があったか」（空間的）、「関係機関は、災害に備えてどのような取り組みを行っているか」（相互関係的）などの視点から、自然災害という社会的事象を追究してきた。このようにして**学んできたことを基（根拠）にして**、災害が起きたときに自分自身の安全な行動の仕方を考えた

り、自分たちでできる自然災害への備えを選択・判断したりすることができるようにしたい。学んだことを自分の生活に生かすことが、ここでの深い学びにつながる。

(2)　県内の伝統や文化

①　何を学ぶのか

この内容は、学習指導要領では「県内の伝統や文化、先人の働き」として示されている。そのうち、県内の伝統や文化のみを記せば、以下のとおりである。

---

(4)　県内の伝統や文化について、学習の問題を追究・解決する活動を通して、次の事項を身に付けることができるよう指導する。

ア　次のような知識及び技能を身に付けること。

　(ア)　県内の文化財や年中行事は、地域の人々が受け継いできたことや、それらには地域の発展など人々の様々な願いが込められていることを理解すること。

　(ウ)　見学・調査したり地図などの資料で調べたりして、年表などにまとめること。

イ　次のような思考力、判断力、表現力等を身に付けること。

　(ア)　歴史的背景や現在に至る経過、保存や継承のための取組などに着目して、県内の文化財や年中行事の様子を捉え、人々の願いや努力を考え、表現すること。

文化財や年中行事に関する内容は、これまで、「地域の人々が受け継いできた文化財や年中行事」の学習として、古くから伝わる地域の文化財や年中行事の保存・継承に取り組む人々の願いを取り上げてきた。新学習指導要領では、取り上げる文化財や年中行事の範囲を地域から県に広げて、県の文化財や年中行事を学習の対象としたものである。

ここでは、「県内の文化財や年中行事には、どのようなものがあるかという分布の様子」や「文化財や年中行事が地域の発展などの願いとともに受け継がれてきたこと」を学ぶことになる。

3第4学年の教材化と実践のヒント　65

② 教材の着眼点

ア　どのような文化財・年中行事を取り上げるか

　文化財や年中行事の範囲は極めて膨大である。学習指導要領解説では、取り上げる文化財や年中行事を、「県内を代表するような歴史を伝える建造物や遺跡、民俗芸能などの文化財、地域の人々が楽しみにしている祭りなどの年中行事」が例示されている。また、「地図や関係機関が作成した資料などを活用して調べ、県内の主な文化財や年中行事の名称や位置などが大まかに分かるようにすることが大切である。」と述べている。

　そこで、**県内の文化財や年中行事の代表的なもの**を取り上げ、これらが様々な地域に分布していることを理解できるようにする。また、文化財や年中行事の保存・継承については、人々の様子が具体的に分かるものを選択して取り上げることが考えられる。例えば、文化財と年中行事のいずれかに絞り、子供が具体的に調べることができるよう、**身近な地域に存在するもの**を選択することが望ましい。

イ　どのような教材を準備するか

　この学習は、県内の文化財や年中行事を扱うため、教科書の教材が全て利用できるわけではない。教科書での教材の用い方を参考にしながら、それぞれの**地域や学校で次のような教材を開発**する必要がある。

・県内の主な文化財（建造物、絵画などの有形文化財・工芸技術や芸能などの無形文化財、世界文化遺産、日本遺産など）一覧
・県内の年中行事（祭りや歳時記など）一覧
・観光パンフレット（一覧表や地図を作成）
・保存・継承に関わる文化財や年中行事の写真・動画
・保存・継承に関わる文化財や年中行事の年表
・保存・継承に関わる人の話（映像、ゲスト・ティーチャー）

ウ　どのような学習活動を工夫するか

　ここでの学習活動は、大きく2つに分けられる。1つは、県内の文化財や年中行事を調べて、名称や位置を県の地図に表す活動である。もう1つは、文化

財や年中行事の保存・継承に関わる人々の取組を調べ、願いや努力を捉えて表現する活動である。

名称や位置を県の地図に表す活動では、主な文化財や年中行事を図書やインターネット、教師作成の資料などで調べて表現することが考えられる。この活動では、ただ地図に位置付けるだけではなく、子供が分担して**個々の文化財や年中行事の概要やいわれ（歴史）**を調べるようにすることも考えられる。また、名称や位置を整理した地図から、以下の掲示（写真）のように、県内の文化財や年中行事の分布の特徴を考えることができるようにしたい。

保存・継承に関わる人々の取組を調べる活動では、実際に保存・継承に関わっている人に、**取組への工夫や努力**などを伺う機会を設けたい。可能であれば、子供が保存・継承の取組を追体験することも効果的である。これらのことが難しければ、動画や写真などを活用して、努力の様子が感じ取れるようにするとよい。また、努力の背景にある思いや願い、継承・発展への課題などは、いずれの文化財や年中行事でも共通のものであることを考えることができるようにしたい。

3第4学年の教材化と実践のヒント　67

③ 指導計画例

【A案】 地域にある文化財を取り上げ、追究を広げた展開例

問いと主な学習活動	資料等
○東京都には、どのような文化財や年中行事があるのだろう。（2時間） 　・都の主な文化財や年中行事の位置と名称を白地図にまとめ、気付いたことを発表する。 ○学校の近くの岩崎邸はどのような文化遺産なのだろう。（1時間） 　・岩崎邸の昔と今を比べ、学習問題をつくる。 学習問題「岩崎邸はどのようにして120年間も残されてきたのだろう。」 ○岩崎邸はいつ頃どのようにして建てられたのだろう。（2時間） 　・文化財として残されてきた背景や経過を調べ、年表にまとめる。 ○岩崎邸はどのようにして守られてきたのだろう。（2時間） 　・保存・継承しようとした地域の人々の活動を調べる。 ○東京都の文化財や年中行事は、どのようにして受け継がれているのだろうか。（1時間） 　・岩崎邸以外の文化財や年中行事の保存・継承の様子を調べる。 ○文化財や年中行事を守っていくために、私たちにはどのようなことができるのだろうか。（1時間） 　・自分たちでできることを考え、発表する。	・文化財と年中行事の一覧 ・旧岩崎邸の景観（写真） ・歴史年表 ・見学 ・新聞記事 ・地域の人の話（録音） ・2時間目にまとめた地図 ・無くなった文化財（写真）

【B案】 獅子舞を鑑賞し、成り立ちを追究した展開例

問いと主な学習活動	資料等
○千葉県には、どのような祭りや文化財があるのだろう。(1時間) ・主な祭りや文化財を調べ、白地図にまとめる。 ○県内の無形文化財は、どのような特徴があるのだろう。(1時間) ・文化財の広がりや祭りとの関連を話し合う。 ○千葉県の祭りには、どのような特徴があるのだろう。(1時間) ・三匹獅子舞が各地で行われていることに着目し、学習問題を話し合う。 学習問題「県内で300年以上続く三匹獅子舞はどのように続けられてきたのだろう。」 ○「三匹獅子舞」は、どのような文化財なのだろう。(1時間) ・獅子舞の様子をDVDで見て、話し合う。 ○「三匹獅子舞」を行う祭りは、どのような祭りなのだろう。(2時間) ・三匹獅子舞を行っている場所や祭りの成り立ちを調べ、年表にまとめる。 ○これまで、祭りを守るためにどのようなことをしてきたのだろう。(2時間) ・実際の三匹獅子舞の踊りを鑑賞し、踊り手に質問する。 ○三匹獅子舞は、どのようにして受け継がれているのだろうか。(1時間) ・三匹獅子舞の保存・継承の様子をまとめて発表する。 ○県の文化財や年中行事を守っていくために、私たちにはどのようなことができるのだろう。(1時間) ・自分たちでできることを考え、発表する。	・県の文化財マップ ・県の祭り(写真) ・三匹獅子舞の獅子頭(実物) ・獅子舞の様子(DVD) ・読み物資料(自作) ・ゲスト・ティーチャー ・祭りの様子(写真) ・児童ノート

3第4学年の教材化と実践のヒント　69

A案は地域の文化財を中心にして取り上げ、B案は県内に広がる無形文化財（三匹獅子舞）と祭りとの関係を中心にして展開したものである。共通点は、

・導入で県の文化財や年中行事を調べて、地図に表していること。

・保存や継承に対する人々の努力を実感できるようにするために、具体的な活動（A案では岩崎邸の見学、B案では三匹獅子舞の鑑賞と踊り手への質問）を取り入れていること。

・学習の終わりに、県の文化財や年中行事に立ち返り、「自分でできることなどを考えたり、選択・判断できるようにする」時間を設けていること。

の３点である。抽象と具体をどのように組み合わせて目標を実現するかが、指導計画を作成する上でのポイントとなる。

④　「主体的・対話的で深い学び」を実現する実践のポイント

ア　自分で関心のある文化財・年中行事を調べる

　一口に文化財・年中行事といっても様々である。県内の主な文化財・年中行事を教師が紹介して白地図にまとめさせる方法もあるが、子供たちに見たことがあるものや調べてみたいものなどを選ばせて、名称、場所、いわれなどを本やインターネットなどで調べさせるとよい。写真などが収集できれば更に興味が湧く。このようにして**個々の子供が調べたものを県の地図に位置付け**、地図から読み取れることを話し合う。おそらく、文化財や年中行事は、県内の至る所に広がっていることや昔から伝えられていることなどに気付くものと思われる。その上で、「なぜ、長い間伝えられているのか」に焦点を当て、学習問題や予想、学習計画を立てるとよい。実際の追究では、見学や聞き取りが可能な身近な地域の文化財や年中行事を選んで学習すると、保存・継承の背景が分かりやすくなると思われる。

イ　保存・継承の努力を、目で見て具体的に問う

　文化財や年中行事を保存・継承する営みは、簡単なことではない。実際に失われていく文化財や年中行事も数多い。「だれが、どのようにして伝えているのか」を知るためには、実際に活動している様子を目で見たり、活動している人に疑問を問うことが効果的である。前ページの指導計画例で紹介した「三匹

獅子舞」の実践では、獅子舞を継承している方においでいただき、舞いを見せてもらった。**目で見た問いは具体的**である。例えば、「獅子頭はどのくらいの重さなのか」「何歳から舞いをやっているのか」「どんな練習をしているのか」「どこのお祭りに出ているのか」など切れ目のない質問が続くことになる。子供の質問に対しては、継承し続ける責任感や仲間と舞う喜び、練習する時間の確保や後継者不足の悩みなどが語られ、継承する方の思いや願いに直に触れることができた。

　このような機会を設けることが、対話的な学びをつくり出す。直接継承する方においでいただけないときには、教師が子供の問いをまとめてインタビューに出向き、動画や写真などで対話することも次善の策である。

　ウ　学びを基に、できることを考えたり、選択・判断する

　深い学びの実現には、具体的な知識をつなげたりまとめたりして概念的な知識を獲得する側面と、学んだことを基にして社会への関わり方を構想する側面がある。この単元の学習では、文化財や年中行事の保存・継承に関わって、社会への関わり方を構想することが求められている。具体的には、文化財や年中行事の保存や継承について、自分でできることなどを考えたり、選択・判断できるようにすることである。

　このような活動で大切なことは、これまで**学んだことを根拠**にして、自分でできることを考えることである。そのためには、文化財や年中行事が、なぜ、どのようにして伝えられてきたのか、人々の間でどのような願いや努力があったのかなどを整理することが必要である。また、今後も伝え続けていくため、何が大切かを踏まえることも必要である。その上で、今及び将来の自分にできることを様々な立場に立って考え、選択・判断できるようにしたい。

(3)　国際交流に取り組んでいる地域

①　何を学ぶのか

この内容は、「県内の特色ある地域の様子」を学習する際に取り上げる地域

の1つとして、新たに「内容の取扱い」に示されたものである。学習指導要領には、内容が以下のとおり示されている。

---

(5) 県内の特色ある地域の様子について、学習の問題を追究・解決する活動を通して、次の事項を身に付けることができるよう指導する。

ア　次のような知識及び技能を身に付けること。

　(ア) 県内の特色ある地域では、人々が協力し、特色ある町づくりや観光などの産業の発展に努めていることを理解すること。

　(イ) 地図帳や各種の資料で調べ、白地図などにまとめること。

イ　次のような思考力、判断力、表現力等を身に付けること。

　(ア) 特色ある地域の位置や自然環境、人々の活動や産業の歴史的背景、人々の協力関係などに着目して、地域の様子を捉え、それらの特色を考え、表現すること。

「県内の特色ある地域」とは、内容の取扱いに「伝統的な技術を生かした地場産業が盛んな地域」「国際交流に取り組んでいる地域」「地域の資源を保護・活用している地域」が示されている。このうち「国際交流に取り組んでいる地域」は、今回の改訂で新たに加わったものである。「国際交流に取り組んでいる地域」の学習では、地域の人々が、国際交流を通して特色ある町づくりに努めていることを理解できるようにすることが求められる。

② **教材の着眼点**

ア　どのような地域を取り上げるか

国際交流には、様々な側面がある。例を挙げれば、外国と姉妹都市関係を結んで交流している、外国の観光客がたくさん訪れる、外国の人がたくさん住んでいる、外国の人が集まる催しが行われているなどである。こうした地域では、**外国の人とのふれあいを通して異文化理解が深まり、共生の町づくりへと発展**していく様子を見ることができる。このような特色のある地域を、県の中から選択して取り上げることによって、学習する子供にとっても異文化理解が深まることが期待される。

72　第3章　新しい内容の教材化と実践のヒント

イ　どのような教材を準備するか

　選択した地域でどのような国際交流が行われているかによって教材は様々である。大半は、取り上げる**地域の市役所などから資料を入手**することが必要になる。例えば、

・姉妹都市との交流に関するもの（相手の都市・交流の内容など）
・外国人観光客の国と人数（推移が分かるもの）＊世界地図
・住んでいる外国の人の数（推移が分かるもの）
・外国の人が参加する催しの様子（パンフレット・写真など）

などが考えられる。また、可能であれば教師が現地取材を行って、

・国際交流を進めている市役所の人などの話
・交流の催しに参加している外国の人の話

などが入手できるとよい。

ウ　どのような学習活動を工夫するか

　ここでの学習活動は、子供が直接参加したり聞き取りをしたりすることが困難であると思われる。資料の読み取りを中心にして、次のようなステップで学習を進めることが考えられる。（＊配当時数5～6時間を想定）

　「第1ステップ」現在の国際交流の様子を捉える。

　「第2ステップ」国際交流が盛んになった経過（歴史的背景）を捉える。

　「第3ステップ」国際交流を盛んにするための地域の人々の努力を捉える。

　「第4ステップ」これからの国際交流の進め方を考える。

　なお、国際交流に取り組んでいる地域の特色を捉えるには、自分たちが住んでいる地域と比べて**似ている点や異なる点を比較・分類**するとよい。

　「国際交流に取り組んでいる地域」の学習は、「県内の特色ある地域の様子」を理解するための事例学習の一つである。「伝統的な技術を生かした地場産業が盛んな地域」「地域の資源を保護・活用している地域」の特色とあわせて、県の地図に位置付けたり、自分の県の紹介文を作成するなどの活動を取り入れ、県内の地域の特色を表現することも工夫の一つである。

③ 指導計画例

「国際交流に取り組んでいる地域」の展開例

問いと主な学習活動	資料等
○外国の人が多く訪れる地域は、県内のどの地域だろう。（1時間） ・外国の人が参加する催しが、県内のどこで行われているか調べ、学習問題を話し合う。 学習問題「A市では、どのような国際交流が行われているのだろう。」 ○A市では、どの国とどのようにしてつながっているのだろう。（1時間） ・飛行機や船でつながっている国や都市の位置を地図で調べる。 ○A市は、外国の人や町とどのような交流をしているのだろう。（1時間） ・姉妹都市や外国の人が参加する催しを調べる。 ○外国から来た人との交流を、どのようにして続けていけばよいのだろう。（1時間） ・相互理解のための工夫を調べる。（地域の交流会、外国語の看板やメニューなど）。 ○A市で外国との交流が盛んになったのは、どんなことがあったからだろう。（1時間） ・これまで調べた国際交流の様子をまとめ、発表する。	・国際大会の様子（写真） ・県の地図 ・空港と港の国別入国者数 ・世界地図 ・姉妹都市の地図 ・催し（写真） ・地域交流会（写真） ・外国語の看板 ・児童のノート

　計画のポイントは、国際交流によって地域が活性化している姿を捉えることである。そのことが、地域の特色であることに気付くような展開が期待される。

74　第3章　新しい内容の教材化と実践のヒント

④ 「主体的・対話的で深い学び」を実現する実践のポイント

ア 世界に目が向く教材を提示する

　この単元のねらいの１つに、グローバル化する世界に目が向くようにすることがある。国際交流に取り組んでいる地域では、**国境を越えて日常的に人と人とがつながっている**という事実を、様々な教材や活動によって理解できるようにしたい。前ページの指導計画例に示した国別入国者数や姉妹都市との交流などは、その事実を裏付ける教材である。世界地図につながりのある国を位置付けることで、子供の予想を超えた多くの国の人々との交流が見えてくる。そのことによって、「どのようにして国際交流が進んできたのか」「国際交流によって地域はどのように変わったのか」「国際交流をさらに進めるために、どのようなことが必要だろう」などの問いや学びの見通しが生まれるものと考えられる。

イ 外国の「人・もの・こと」とふれあう機会を工夫する

　子供たちが生活する地域では、国際交流が盛んであるなしにかかわらず、外国の人とのふれあいを体験したり目にしたりする機会がある。「国際交流に取り組んでいる地域」の学習を進めながら、**自分たちの地域でも同じようなことがある**ことに目を向けるようにしたい。例えば、外国の人に日本の印象を聞いてみたり、外国のものやことが身の回りにどれくらいあるかを調べたりするなどである。必ずしも社会科の時間に限定する必要はないが、このような活動を工夫することによって、グローバル化する地域の様子を実感し、交際交流に取り組んでいる地域のよさ（特色）に気付くきっかけになると思われる。

ウ 国際交流の意義に気付かせる

　単元の終末に、「国際交流に取り組んでいる地域のよさは何だろう」と問うてみてはどうだろう。子供たちは、事例として取り上げた地域では、どのような国際交流が行われていたかや国際交流によって地域がどのように変化してきたかなど、これまで学習したことを振り返り、その意義を考えるようになる。その上で、これからの**自分たちの町づくりや自分の生き方などについても考えを発展させる**ことができるようになれば、深い学びが実現したと言えるのではないかと考える。

3第4学年の教材化と実践のヒント　75

= コラム =

体験的な学習ならではの「よさ」とは？

　4年生の伝統工業が盛んな地域「染め物のまち新宿区」の授業の一コマである。伝統工芸士の型紙づくりの技をビデオで視聴した子供たちは、柿渋で染められた和紙に絵柄の和紙を重ねて、カッターナイフで彫刻体験に挑戦した。
「職人さんはスラスラなのに、難しくて切れない。」
「和紙は薄くて器用な動きができない。」
という発見とともに
「細かい模様をつくるこつはなんだろう。」
「専用の道具はあるのだろうか。」
「1枚彫るのに何時間かかるのだろう。」
「どうして機械を使わないのだろう。」
「働いている人は何年くらい仕事をしているのだろう。」
などの疑問が出てきた。

　この後、教師が布に染めてみて、上手くいかない様子も見届けた。子供たちからは、「東京染小紋は、どのようにして作られるのか。もっと知りたい。」という声が生まれた。

　最近の授業では、体験的な学習が影を潜めているように感じられる。体験的な学習のよさは、子供が苦労や喜びを実感できること、働く人の立場に共感しイメージを共有できることなどであり、机上の学習では得られない効果がある。

　効率的な時間設定を工夫しながら、様々な体験を取り入れていくことも、「主体的・対話的で深い学び」を実現する授業づくりにつながるのではないだろうか。子供の目を輝かすことができるのは、教師の教材研究と授業設計の工夫にかかっている。

4 第5学年の教材化と実践のヒント

【第5学年・新学習指導要領の内容と改善点（下線部分）】

(1) 我が国の国土の様子と国民生活

(2) 我が国の農業や水産業における食料生産

(3) 我が国の工業生産　　　　　　　＊貿易や運輸の役割

(4) 我が国の産業と情報との関わり　＊大量の情報や情報通信技術の活用

(5) 我が国の国土の自然環境と国民生活との関わり

---

(1) 工業生産における「貿易や運輸」の役割

① 何を学ぶのか

この内容は、学習指導要領では、以下のように示されている。

---

(1) 我が国の工業生産について、学習の問題を追究・解決する活動を通して、次の
事項を身に付けることができるよう指導する。

ア　次のような知識及び技能を身に付けること。

　(ウ) 貿易や運輸は、原材料の確保や製品の販売などにおいて、工業生産を支える
重要な役割を果たしていることを理解すること。

　(エ) 地図帳や地球儀、各種の資料で調べ、まとめること。

イ　次のような思考力、判断力、表現力等を身に付けること。

　(ウ) 交通網の広がり、外国との関わりなどに着目して、貿易や運輸の様子を捉え、
それらの役割を考え、表現すること。

「貿易・運輸」の扱いは、これまでと微妙な違いがある。平成20年版学習指

導要領では、「工業生産に従事している人々の工夫や努力、工業生産を支える貿易や運輸などの働き」として学習した。工業生産が、国民生活を支える重要な役割を果たしていることを考える手掛かりの1つとして貿易や運輸などを取り上げた。したがって、「など」には、情報の働きなども含まれると説明された。今回の改訂では、**「工業生産における貿易や運輸の働き」を独立して扱う**ようになっている。

　ここでは、単元の学習を通して、交通網の広がり、外国との関わりなどに着目して、貿易や運輸の様子を捉え、貿易や運輸は、原材料の確保や製品の販売などにおいて、工業生産を支える重要な役割を果たしていることを理解することが目標となる。

② 教材の着眼点

ア　貿易・運輸のどこに着目するか

　一番の着眼点は、貿易や運輸の役割である。我が国で生産された工業製品は国民生活のみならず、世界の人々の生活を豊かにしている。しかし、生産者が生産するだけでは、消費者が製品を使うことはできない。運輸や貿易には、**生産者の思いが消費者に届けられるまでの仲立ちをする役割**がある。また、原材料を輸入し製品を輸出するという加工貿易が中心の我が国では、外国との貿易は欠かすことができない。このように、工業の発展や国民生活の豊かさを支えているという観点から、具体的な事実を追究し、その役割を考え理解できるようにすることが大切である。

イ　どのような教材を準備するか

　ここでの学習は、教科書に多くの資料が教材として掲載されている。例えば、
・我が国の主な輸出品とその輸出相手先（世界地図）
・我が国の主な輸入品とその輸入相手先（世界地図）
・主な工業製品の輸出の割合、主な原材料の輸入の割合（グラフ）
・日本の自動車の主な輸出先（世界地図・グラフ）
・国内の交通網（主な道路・鉄道・港・空港の地図）
などである。これらを有効に活用するとともに、**港湾やトラック・ターミナル**

78　第3章　新しい内容の教材化と実践のヒント

などを取材して、運輸や貿易に関わる人の話を伺ったり、写真や動画を入手したりして教材化することも効果的である。

輸出用自動車を積み込む運搬船（横浜港）

ウ　どのような学習活動を工夫するか

　ここでは、多くの地図やグラフを活用することになる。そのため、地図やグラフなどを読み取る技能が必要になる。例えば、「我が国の主な輸出品とその輸出相手先」を読み取る場合には、どの程度輸出されているかのグラフの数値と、相手の国がどこにあるのかの地図上の位置を確かめるようにする。また、グラフや地図を読み取るだけでなく、**調べたことをグラフや地図に表す活動**を取り入れることも効果的である。働いている人の思いや工夫などを、写真や動画などを基にして考え、表現させる活動も加わるとよい。

③　指導計画例

「貿易や運輸の役割」の展開例

問いと主な学習活動	資料等
○国内で生産された自動車は、どこに輸出されているのだろう。（1時間） 　・自動車以外にも主な製品の輸出先を調べて、学習問題をつくる。 学習問題「日本の貿易には、どのような特徴や役割があるのだろう。」 ○日本は、どのような国とどのようなものを貿易しているのだろう。（1時間） 　・主な貿易品と相手国を調べ、地図にまとめる。 ○日本の工業生産と貿易には、どのような関わりがあるのだろう。（1時間） 　・原材料の輸入と工業生産の関係を調べる。 ○日本の貿易では、どのようにして原材料や製品を輸送しているのだろう。（1時間） 　・主な交通網や港、輸送手段について調べる。 ○貿易や運輸は、どのような役割を果たしているのだろう。（1時間） 　・学んだことを整理し、貿易や運輸の役割をまとめる。	・輸出される自動車の写真 ・工業製品の主な輸出先（地図） ・主な輸出入品と相手国（グラフ・地図） ・製品の輸出と原材料の輸入の割合 ・海外への輸送手段（写真） ・国内の輸送手段（地図） ・児童のノート

　この展開例は、前単元の「自動車生産」の学習とつなげるため、「国内で生産された自動車は、どこに輸出されているのだろう。」という問いで始まっている。ほかにも、「生産された自動車は、どのようにして運ばれるのだろう。」として、国内の運輸と海外の貿易に分けて追究する案も考えられる。

80　第3章　新しい内容の教材化と実践のヒント

④ 「主体的・対話的で深い学び」を実現する実践のポイント

ア 数値を具体物に置き換える問いを工夫する

貿易や運輸の学習では、統計資料を読み取る場面が数多くある。しかし、数値を読むだけでは事象を具体的に理解することは難しい。そこで、**数値を具体物に置き換える問いを工夫**したい。例えば、2017年の我が国の乗用車の輸出台数は約420万台である。その内の約170万台がアメリカに輸出されている。「これだけの数の乗用車を輸出するには、どのくらいの運搬船が必要になるのだろうか。」「消費者の手に届くまでには、何日くらいかかるのだろうか。」などの問いを工夫し、具体的なイメージがもてるようにしたい。ちなみに、現在日本最大級の自動車運搬船は、7500台の積載が可能と言われる。それでも、アメリカに全てを送り届けるには、227隻は必要になる。

イ グループで貿易地図をつくる

ここでは、世界地図を活用する絶好のチャンスである。地図帳を用いて貿易相手国の位置を確認し、**白地図に主な貿易の相手国を書き込む**だけで、日本と世界のつながりに関心がもてるようになる。この作業は、貿易の品目ごとに分けてグループで行い、グループの成果を全体で共有できるようにするとよい。

ウ 働く人の思いや国土の様子などと関連付けて特色や役割を考える

この学習で獲得させたい概念的な知識は、貿易や運輸が、生産者と消費者をつなぐ役割を担っているということである。そのためには、生産者の願いと消費者の願い、運輸や貿易に関わっている人々の思いなどを重ねて考えることが大切である。我が国の貿易の特色の1つに、輸出入品の大半が船によって運ばれていることがある。一度に大量の原材料や製品を運ぶことができるからである。それ以外にも国土が海に囲まれていることや港の整備が行き渡っていることなどもある。また、国内輸送の大半はトラックによるものである。一度に運ぶ量には制限があるが、直接目的地まで届けることができるメリットがあるからである。このメリットを生み出しているのは、国土の隅々にまで行き渡っている道路網である。このように、**様々な立場や見方を関連付けて、特色や役割を理解**できるようにすることが、深い学びを実現することになる。

4 第5学年の教材化と実践のヒント 81

⑵　情報を生かして発展する産業

①　何を学ぶのか

　この内容は、「我が国の産業と情報との関わり」の内容の1つとして、「放送、新聞などの産業」と並んで、新たに示されたものである。学習指導要領の記述は、以下のとおりである。

⑷　我が国の産業と情報との関わりについて、学習の問題を追究・解決する活動を通して、次の事項を身に付けることができるよう指導する。

ア　次のような知識及び技能を身に付けること。

　㈠　大量の情報や情報通信技術の活用は、様々な産業を発展させ、国民生活を向上させていることを理解すること。

　㈢　聞き取り調査をしたり映像や新聞などの各種資料で調べたりして、まとめること。

イ　次のような思考力、判断力、表現力等を身に付けること。

　㈠　情報の種類、情報の活用の仕方などに着目して、産業における情報活用の現状を捉え、情報を生かして発展する産業が国民生活に果たす役割を考え、表現すること。

　「我が国の産業と情報との関わり」に関する内容は、平成20年版学習指導要領では「放送、新聞などの産業」と「情報化した社会の様子」を国民生活との関わりを通して扱ってきた。今回の改訂では、「放送、新聞などの産業」は引き続き学習するが、情報化の更なる進展に伴い、「情報化した社会の様子」に代わって「情報を生かして発展する産業」を扱うことにしたものである。

　ここでは、「情報の種類、情報の活用の仕方などに着目して、産業における情報活用の現状を捉え、大量の情報や情報通信技術の活用は、**様々な産業を発展させ、国民生活を向上させていることを理解すること**」が目標となる。

82　第3章　新しい内容の教材化と実践のヒント

② 教材の着眼点

ア 情報を生かして発展する産業とは何か

情報や情報技術を生かして発展している産業は、農業や水産業、伝統的な工業なども含め、あらゆる産業にわたる。しかし、学習指導要領の内容の取扱いには、「情報や情報技術を活用して発展している**販売、運輸、観光、医療、福祉などに関わる産業**の中から選択して取り上げること。」としている。その根拠は定かではないが、これらの産業が情報通信技術の活用による変化が著しいことや、国民の生活と直接関わる面が多いと考えられるからであろう。

イ どのような教材を開発するか

学習指導要領解説では、「販売情報を収集・分析して商品の入荷量や販売量を予測したり、インターネット上で商品の管理を行ったりしている販売業、交通や位置、気象などの情報を活用したり、倉庫を運営する産業と連携して迅速かつ効率的な輸送に努めたりしている運輸業、魅力ある地域の観光資源について情報を発信して地域の活性化に努めている観光業、様々な機関と連携したり離れた地域間で情報を共有したりすることによりサービスの向上に努めている医療や福祉などの産業」と記している。それぞれの産業が、どのような情報をどのように活用しているかの例には、以下のような内容が考えられる。

業種	情報の種類	情報活用の仕方の例
販売	顧客情報 商品情報 在庫・発注管理	・POS システムによる在庫管理 ・レジスキャナーによる正確な精算 ・ポイントカードによる顧客情報の利用 ・電子マネーや指紋認証による決済 ・インターネット販売による商品の提供　　　など
運輸	交通情報、位置情報 AI による自動運転 携帯電話	・ETC の導入による料金管理、渋滞緩和 ・GPS による位置情報の提供、渋滞回避 ・自動走行システムによる安全の確保 ・運転中の通信、配達場所の確認　　　など
観光	観光動態・顧客情報 空き室・価格管理	・ローミング・GPS・SNS による外国人観光客の動態 　把握、誘客計画

	商品情報 多言語対応	・ビッグデータによる空き室・価格管理 ・翻訳アプリ等による多言語対応 ・電子マネーによる顧客情報の利用 ・インターネットによる予約、販売　　など
医療	患者の医療情報 事故情報	・患者情報の管理、病院内での共有 ・車両、ヘリコプターと連携した迅速な救助 ・テレビ電話や画像による遠隔地医療 ・AI による検査、治療　　　　　　　など
福祉	人工知能の利用 音声案内	・AI ロボットによるサービス、人件費の削減 ・音声案内による不自由な人への支援 ・介護ロボットによる介護の負担軽減　　など

　課題は、これらの目に見えにくい情報通信技術をどのようにして可視化するかということである。

　ウ　どのような学習活動を工夫するか

　ここでは、観察や調査はもちろん、子供自身が資料を収集することが困難である。教科書や資料集などの資料、教師が取材した資料などを丁寧に読み取らせることが大切である。その上で、**情報通信技術を活用する前と後での産業の変化**を図や表に表したり、暮らしや国民生活との関連をまとめたりする方法が考えられる。どの産業を取り上げるにしても、産業の発展と国民生活との関連を考えることができるようにすることが大切である。

　③　**指導計画例**

【A案】　販売業と社会の変化を中心にした展開例

問いと主な学習活動	資料等
○情報をやりとりする仕組みは、暮らしのどのような場で見られるのだろう。（2時間） 　・暮らしの中で広がっている情報通信技術を調べ、学習問題をつくる。 学習問題「情報通信技術を利用することにより、暮らしや産業は	・IC の支払い回数の変化 ・インターネットショッピングの売上額の

84　第3章　新しい内容の教材化と実践のヒント

問いと主な学習活動	変化
どのように変わってきているのだろう。」 ○店では、どのように情報通信技術を使っているのだろう。（1時間） 　・POSシステムの商品管理の仕組みを調べ、図にまとめる。 ○商品を売る人たちは、大量に集まった情報をどのように生かそうとしているのだろう。（1時間） 　・集めた情報を分析し、改善している様子を調べる。 ○情報通信技術の活用がさらに進むと、私たちの暮らしはどうなっていくのだろうか。（1時間） 　・情報通信技術の発展による暮らしの変化や社会の問題点を考え、話し合う。 ○学習を整理し、これからの社会を考えよう。（2時間） 　・変化に着目して学習を整理する。 　・これまでの変化を基に、未来の社会を考える。	・POSシステムの仕組み ・情報を生かす仕組み ・情報サービスで働く人の数 ・個人情報流出の記事 ・児童のノート

　この案は、販売業の情報通信技術の活用を中心にして、暮らしや社会の変化にも目を向けるようにした点に特徴がある。

【B案】　医療の発展と暮らしの変化に着目した展開例

問いと主な学習活動	資料等
○急な病気やけがをしたとき、救急車は、患者をどのようにして病院に運んでいるのだろう。（1時間） 　・医療での、情報通信技術の活用の様子を調べる。 学習問題「情報通信技術を利用することにより、医療の様子はどのように変わってきているのだろう。」 ○病院では、情報通信技術をどのように活用しているのだろう。（2時間） 　・カルテやバーコードによる情報の共有の様子を調べる。 ○医療ネットワークは、どのような問題を解決しているのだろう。（1時間）	・救急車の写真 ・救急隊員の話 ・電子カルテ ・バーコード ・病院の人の話

4 第5学年の教材化と実践のヒント　85

・情報ネットワークによる医療施設同士のつながりを調べる。 ○情報通信技術の活用がさらに進むと、医療や暮らしはどのように進んでいくのだろう。（1時間） 　・情報通信技術の発展による医療や暮らしの進歩の様子を調べる。 ○医療や暮らしの変化に、私たちはどのように関わっていけばよいのだろう。（1時間） 　・変化に着目して学習を整理する。 　・これまでの変化を基に、これからの社会を考える。	・遠隔医療システム ・ドクターヘリ ・再手術率の低下（関係者の話） ・予防医療への転換（関係者の話） ・児童のノート

　従来扱われてきた「情報ネットワーク」の内容を基にして、情報通信技術による医療の進歩と暮らしの変化に着目した展開例である。子供の目に見えにくい部分は、医療関係者の話や文章資料で補う工夫をしている。

④　「主体的・対話的で深い学び」を実現する実践のポイント

ア　ビフォー・アフターに着目し、追究の見通しをもたせる

　情報通信技術の活用による産業の発展は、**情報通信技術が活用される前と後の変化を捉える**ことによって明確になる。例えば、販売業では、「売っているものはどう変わったか」「買い物の仕方や売り方はどう変わったか」「買い物以外にどんなサービスをしているか」などを調べて、表にまとめるとよい。また、このことによって、私たちの暮らしはどのように便利になったかを関連付けて考察することも大切である。次ページの写真は最近の買い物と昔の買い物を比べることから学習を導入した「販売業」の実践の様子である。このように、ビフォー・アフターに着目することによって、「情報通信技術がどのように活用されるようになったか」という追究の視点が生まれ、見通しがもてるようになる。

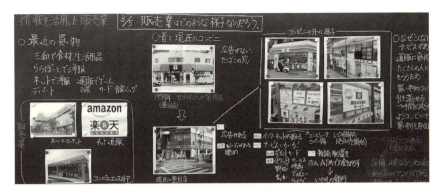

イ　子供が、教材と対話できる資料を提示する

　子供同士が対話し協働的に学ぶことができるようにするには、**一人一人の子供が教材と対話**し、自分なりの発見や考えが生まれるようにする必要がある。下の写真の授業は、販売業（コンビニエンスストア）を取り上げて、「コンビニエンスストアでは、どのような情報をどのように集めているのだろう」を課題としたものである。

　教師は、子供には見えにくいコンビニエンスストアの情報活用を可視化するために、一人一人にレシートを渡して、そこから読み取れる情報が何かを確認させた。子供たちは、まず、一人一人がレシートに記された情報を読み取り、後に隣り同士で協働して確認を行った。

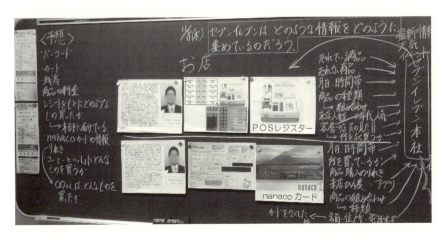

4 第5学年の教材化と実践のヒント　87

レシートには、「店の場所・日時・買った商品・値段・カード番号・もらえるポイント・合計のポイント・商品の宣伝」などが記されていて、「誰が、いつ、どんな商品を買ったか」などの情報が集まることを確認することができた。

　ウ　産業の発展と国民生活との関連を捉えさせる

　情報を生かして発展する産業の学習は、それぞれの産業が情報通信技術を有効に活用している事実を知ることがゴールではない。**産業と国民生活は、どの産業でも常に表裏一体**のものである。したがって、「情報を生かして発展している産業は国民生活の向上にどのような役割を果たしているのか」を考えることが大切である。例えば、販売業における利便性や食品ロスの減少、運輸業における作業の効率化や安全性の向上、健康で安心できる医療技術の向上など、国民生活に果たす役割を考察できるようにする。一方、「利便性等が向上することによって、どのようなことが課題になるのか」も、これからの社会の問題点として考えられるようにしたい。

コラム

これだけは知っておきたい「我が国の領土」

　第5学年の「我が国の国土の様子と国民生活」の内容では、内容の取扱いに「領土の範囲については、竹島や北方領土、尖閣諸島が我が国の固有の領土であることに触れること」が示された。

　これらの島々が我が国の領土であることは疑う余地のないことであるが、その歴史的な経過については、ほとんど授業で取り上げられてこなかった。教師の認識が必ずしも十分でないことも一因である。せめて、以下のようなことを教師が認識しておく必要がある。

①　国土と領土

国土　一国の国境線によってその範囲を示された領域。領土、領海を含む。

領土　陸地（内水を含む）により構成される国家領域。国家の主権が及ぶ。

　　　北端　択捉島　　　南端　沖ノ鳥島　　　東端　南鳥島　　　西端　与那国島

②　北方領土（択捉・国後・色丹・歯舞4島）の歴史

1875年　樺太・千島交換条約により日本固有の領土と確定。

1945年　日本がポツダム宣言を受諾した後、ソ連軍が4島を含む千島列島を占拠。

1951年　サンフランシスコ講和条約により、日本は千島列島を放棄。

1956年　日ソ共同宣言で「将来、日ソ平和条約が成立した後、ソ連は色丹島、歯舞島を返還する」と約束。

1980年代　ソ連が領土問題の存在を認める。

2000年代　ロシアは4島の実効支配を強化。（現在に至る）。

　　　　　＊ロシア連邦に返還を求めて交渉を行っている。

③　尖閣諸島

1895年　明治政府が無主の島であることを確認し、領有を宣言する。

　　　　カツオブシ工場を創業。（250人が生活）。

1940年　戦争のため渡れなくなり無人島に戻す。

1945年	敗戦により米国の施政下に置かれる。
1953年	中国「人民日報」は尖閣諸島を琉球群島の一部と見なし、琉球群島の日本復帰を支持。
1968年	国連が尖閣諸島周辺の海底を調査し、豊富な石油資源埋蔵の可能性を報告。
1971年	中国が尖閣諸島の領有を主張。
1972年	尖閣諸島を含む沖縄が日本に返還される。
	日中国交正常化（尖閣諸島問題には触れず）。
1992年	中国が「領海法」を定め、尖閣諸島を自国領とする。
	尖閣諸島海域に対する中国漁船等の侵入が頻発。
2012年	日本政府が尖閣諸島を国有化（1974年以降民間人が所有）。
	中国が反発し頻繁に領海侵犯を繰り返すようになる。
	日本政府は「尖閣諸島は日本固有の領土であり、領土問題は存在しない」との立場に立っている。

④　竹島

江戸時代　「松島」と呼ばれる。

1905年	島根県に編入され、「竹島」の名前が付けられる。
1946年	GHQ が「竹島は日本が放棄すべき島」とみなす。
1951年	サンフランシスコ講和条約で竹島の日本所属が決まる。
1952年	韓国が竹島の領有権を主張。李承晩ラインを設置する。
1953年	竹島に「島根県隠地（おち）郡五箇村竹島」の標識を設置。
1954年	韓国が竹島を武装占拠。
1965年	日韓基本条約締結（竹島問題は棚上げ）。
2000年代	韓国が竹島の実効支配を強化。（軍の施設を設置）。
2012年	李明博大統領が竹島に上陸。

　　＊日本政府は韓国に対し、繰り返し抗議を行っている。

5 第6学年の教材化と実践のヒント

【第6学年・新学習指導要領の内容と改善点（下線部分）】

(1) 我が国の政治の働き　　　　*地域の開発や活性化

(2) 我が国の歴史上の主な事象　　*当時の世界との関わり

(3) グローバル化する世界と日本の役割

---

(1)　国や地方公共団体の政治における「地域の開発や活性化」

①　何を学ぶのか

「我が国の政治の働き」に関する内容は、政治の働きへの関心を高めることを重視し、学年のはじめに学習することを意図して、「我が国の歴史上の主な事象」と順番を入れ替えて示された。政治の働きの順番も、「日本国憲法」に関わる内容を先に示し、「国や地方公共団体の政治」と入れ替えた。学習指導要領は、「国や地方公共団体の政治」については以下のように記している。

---

(1)　我が国の政治の働きについて、学習の問題を追究・解決する活動を通して、次の事項を身に付けることができるよう指導する。

ア　次のような知識及び技能を身に付けること。

　(イ)　国や地方公共団体の政治は、国民主権の考え方の下、国民生活の安定と向上を図る大切な働きをしていることを理解すること。

　(ウ)　見学・調査したり各種の資料で調べたりして、まとめること。

イ　次のような思考力、判断力、表現力等を身に付けること。

　(イ)　政策の内容や計画から実施までの過程、法令や予算との関わりなどに着目して、国や地方公共団体の政治の取組を捉え、国民生活における政治の働きを考

え、表現すること。

「国や地方公共団体の政治」では、これまで、内容の取扱いで「社会保障、災害復旧の取組、地域の開発などの中から選択して取り上げる」こととされていた。今回の改訂では、地域の開発を「地域の開発や活性化」としている。なお、学習指導要領解説では、「地域の開発や活性化」の取組を取り上げる場合には、「**地域経済の活性化や地域における雇用機会の創出**を、市役所、県庁が主体的に進めていることや、国はそのような地域の自立的な取組を制度や財政などの面から支援していることなどを具体的に調べるようにすることが考えられる。」と記述している。

ここでは、政策の内容や計画から実施までの過程、法令や予算との関わりなどに着目して、地域の開発や活性化の様子を捉え、国や地方公共団体の政治は、国民主権の考え方の下、国民生活の安定と向上を図る大切な働きをしていることを理解することが目標となる。

② **教材の着眼点**

ア　どのような事例があるか

取り上げる事例としては、人口の減少や少子高齢化、地域固有の課題などに対応するため、都道府県や市町村が地方創生推進交付金を受けるなどして地域の開発や活性化に取り組んでいる事例が考えられる。

例えば、**地方創生推進交付金を活用した取組事例**として、

・いつまでも住み続けたいふるさと七尾事業（石川県七尾市）

・地域の好循環を支える市民主体のまちづくり（滋賀県湖南市）

・道の駅　お茶の京都みなみやましろ村を中心とした「小さな拠点」づくり事業（京都府南山城村）

・日原賑わい創出拠点づくり事業（島根県津和野町）

・官民協働・地域間連携による住民主体の地域づくり推進事業（山形県）

・茨城版　持続可能な地域づくり〜「広域公共交通ネットワーク」プラス「小さな拠点」（茨城県）

などが挙げられる。

　なお、このような地方創生の取組は、現在の日本の政治の大きな課題であり、政府の地方創生の取組と関連して、全国の都道府県に事例が存在している。

　　イ　どのような教材を開発するか

　教材開発に当たっては、教科書等の事例を扱う方法もあるが、教科書の展開を参考にしながら、**自分たちの地域の事例**（地方公共団体の政治）を扱うとよい。教材としては、

・地方公共団体の（地域に見られる）政治上の課題

・課題解決のための住民の願い

・願いを実現するための市役所や県庁、議会などの働き

・願い（課題解決）を実現するための国や地方公共団体の施策（法律・予算）

・願い（課題解決）を実現するためのプロセス

・地方創生のための取組（2014年に始まった政府の施策であることを、年表で提示できるとよい。）

・地方公共団体と国の政治の関係（図などで示す）

などを調べて準備する必要がある。行政や住民に聞き取り調査をして、教材を作成することもお勧めである。

　　ウ　どのような学習活動を工夫するか

　自分たちの地域の事例（地方公共団体の政治）を扱う場合には、地域にどのような課題があるのかを、子供が保護者と話し合ったり、地域の人の話を聞いたりして、**地域の課題をクラスで共有**することが必要である。地域の課題がどのように解決していくのかを追究する段階では、市役所の人や議員さんの話を聞く機会を設けることも考えられる。地方の政治と国の政治の関係については、調べたことを図にまとめる方法も考えられる。国会見学が可能な地域では国会見学を、それが難しい地域では、都道府県や市区町村議会の見学を取り入れ、政治の働きを具体的にイメージできるようにしたい。

5 第6学年の教材化と実践のヒント　93

③　**指導計画例**

地域活性化の取組を取り上げた展開例

問いと主な学習活動	資料等
○地域が抱える課題に対して、国や地方公共団体はどのような取組をしているのだろう。（2時間） 　・地域にはどのような課題があるか調べる。 　・地方を活性化するために、地方創生などの政治の働きがあることを調べ、学習問題をつくる。 学習問題「地域の課題を改善し活性化するために、国や地方公共団体はどのようなことを行っているのだろう。」	・地域の課題（少子高齢化、働く場の確保など）
○市（町村）では、国が進める地方創生を実現するために、どのようなことを行っているのだろう。（3時間） 　・地域の課題を解決するための住民の願い、願いを実現しようする政治の働きを調べる。 　・どのようにして願いが実現していくのか、市や県、国の協力の様子を調べる。	・地方創生の内容 ・住民の願いを実現する仕組み
○他の地域では、国の進める地方創生を実現するために、どのようなことが行われているのだろう。（1時間） 　・各地の地方創生の取組を調べる。	・各地の地方創生の取組
○地域を活性化するために、国や地方公共団体では、どのようなことを行ってきたのだろうか。（1時間） 　・住民の願い、国や地方公共団体の政治の働きを図にまとめ、政治の役割を考える。	・地方と国の政治の関係（図）

　この展開例は、身近な地方の課題の解決と活性化を想定したものである。身近な地域の政治に目を向け、国の政治との関連を学ぶ点に特徴がある。

94　第3章　新しい内容の教材化と実践のヒント

④ 「主体的・対話的で深い学び」を実現する実践のポイント

ア　自分たちと関わりのある地域の開発事例を取り上げる

　自分たちと関わりのある地域の事例を学習することは、国や地方公共団体の政治がどのような働きをするのかを、**自分事として捉える絶好の内容**である。身近にある実際の事例を基に、「地域にはどのような課題がある（あった）のか」「その課題がどのようにして解決されたのか」「その結果、地域はどのように活性化したのか」を、自分自身が地域に身を置きながら追究することができるからである。また、単元の終末などで他の地域の事例を取り上げる場合には、自分の地域と比較して、政治の働きの共通点を見つけることもできる。

イ　対話を通して主権者意識を育てる

　この単元では、保護者や地域の人、市役所の人や議員さんなどの話を伺う機会をもつことが期待される。その際、ただ話を聞くだけではなく、地域の課題を解決するためには、「自分ならこのように考える」「自分ならこのようにしたい」という意見を述べさせたい。**小学生も立派な主権者であり、未来の有権者である**。地域の課題は自分自身の課題でもある。このような観点から、主権者意識を育てるようにすることが大切である。

ウ　地方創生の意図や政治の役割を考える

　この学習では、課題を解決（願いを実現）する仕組みを理解することにウエートが置かれがちになる。しかし、最も大切なことは、政治が、国民生活にどのような役割を果たしているか考え、理解することである。学習指導要領にも、「政治は国民主権の考え方の下、国民生活の安定と向上を図る大切な働きをしている」とある。地域の課題を解決することを通して、政治がその役割を果たしていることに着目させたい。

　例えば、地方創生の事例を取り上げた場合、新しい施設ができるとか観光客が増えたということだけが課題を解決することにはならない。**地域の人々の暮らしを豊かにし、生きがいのある地域にするという視点が必要である**。政治には、地域の活性化を通して、住民に生きがいや安らぎを与える役割があることを捉えさせたい。

5第6学年の教材化と実践のヒント　95

(2) 我が国の歴史上の主な事象における「世界との関わり」

① どこが変わったか

「我が国の歴史上の主な事象」に関する内容は、外国との関わりへの関心を高めるようにすることを重視して、内容の取扱いに次のように示された。

> オ　ア の(イ)から(サ)までについては、当時の世界との関わりにも目を向け、 我が国の歴史を広い視野から捉えられるよう配慮すること。

このような記述は、従来の学習指導要領には見られなかった内容である。児童の発達段階を考慮したことや中学校の歴史的分野の学習との重複を避けるためであったと思われる。今回の改訂で、「外国との関わりへの関心を高めるようにすることを重視して」このような内容の取扱いが示された背景には、学習指導要領の改善の方向の１つに、**グローバル化する社会への対応**が掲げられたことによるものと考えられる。

② 「世界との関わり」で、どのような内容を取り上げるか

どのような内容を取り上げるかは、児童の発達段階や授業時数との関係もあり、おのずと制約がある。学習指導要領解説では、「大陸文化の摂取、元との戦い、キリスト教の伝来、黒船の来航、日清・日露の戦争、日中戦争や我が国に関わる第二次世界大戦を取り上げる際には、当時の世界の動きが大まかに分かる地図などの資料を用いるようにすることが考えられる。」と述べている。しかし、これらの地図資料は、一部の教科書には既に掲載されており、授業で取り扱ってきた教師も多くいる。要は、どの教師も教科書等の地図資料を意図的、効果的に活用し、当時の世界の動きに関心がもてるように指導の工夫をすることが大切である。

地図資料と同様に、世界の動きを大まかに捉えることができるようにするには、歴史的事象の**背景を読み解く資料を活用**することである。小学生には難しい複雑な資料は必要ではないが、子供が自分である程度まで読み解けるような

96　第3章　新しい内容の教材化と実践のヒント

資料を準備してはどうだろう。例えば、ペリー来航の背景については、十分に扱われない授業が多く見られる。次のような資料を読み取らせるだけで、小学生にもペリーの意図や世界の動きを読み取ることができるのではないか。

アメリカ合衆国フィルモア大統領からの手紙

　アメリカ合衆国海軍の最高位の士官であり、日本を訪問中の総司令官であるペリー提督に託して、この手紙を送ります。(中略)

　アメリカの多くの船が、毎年カリフォルニアから中国に向けて航海し、多くのアメリカ人が日本の近海で捕鯨を行っています。悪天候の時には、その船が日本の海岸に漂着することがあります。そんな時には別の船を派遣し帰国させるまで、不幸なアメリカ人が親切に待遇され、その財産が保護されることを願っています。

　ペリー提督は私から、皇帝陛下に次の説明をするよう命じられています。

　日本には豊富な石炭と水があると理解しています。アメリカの蒸気船は広い太平洋を横断し、たくさん石炭を使いますが、全てをアメリカから持って行くと不便です。アメリカの蒸気船や帆船が日本の港に寄って、石炭、必需品、水を足すことを許可して下さい。彼らは現金か日本人が望むものを支払います。皇帝陛下には、日本の南部にアメリカの船がこの目的で寄ることができる港を1つ指定してほしい。アメリカはこれを非常に望んでいます。

　以上、友好関係を結ぶこと、貿易をすること、石炭と必需品の供給、遭難者の保護、これだけが私が強力な艦隊と共に、ペリー提督を皇帝陛下の名高い首都・江戸に向けて送った目的です。(以下省略)

③ 「主体的・対話的で深い学び」を実現する実践のポイント

ア　空間的な見方を働かせる教材と発問の工夫

　歴史の学習は、「いつ、何が起こったのか」という時間的な視点を必要とする。しかし、これだけでは、年号と出来事を捉えることで止まってしまう。「歴史は暗記すればよい。」と誤解される所以である。世界の動きを大まかに捉えるために、地図などを教材として活用し、発問を工夫することは、「どこで

5第6学年の教材化と実践のヒント　97

起こった出来事なのか」という**空間的な視点からの考察**が可能になる。その結果、歴史的事象に対する見方が広がることになる。

次の歴史的事象で、空間的な視点から見方を広げることができると考えられる発問の例を挙げる。

「大陸文化の摂取」では、遣唐使はどのような航路で唐（中国）に渡ったのか。

「元との戦い」では、元はどのような勢力をもっていて、どこを攻めたのか。

「キリスト教の伝来」では、キリスト教はどこからどのように伝わったのか。

「黒船の来航」では、ペリーは、どのようにして日本までやってきたのか。

「日清・日露の戦争」では、日本は、どこの国とどこで戦ったのか。

「日中戦争や我が国に関わる第二次世界大戦」では、どこと戦い、戦場はどのように広がっていったのか。

イ　歴史的事象の背景を考察する教材の開発

「いつ、どこで、何が起こったのか」が分かると、「なぜ、どうして、どのように」という理由や背景、より具体的な事実が知りたくなる。このことを追究することが歴史を学ぶ面白さである。小学校の歴史学習では、「どのように」までの追究で足りるとする考え方がある。理由や背景には様々な見解があり、一概には結論付けることができないからである。しかし、そのために全てを回避してしまっては、**歴史を学ぶ醍醐味**が薄れてしまう。せめて、背景を考察する入り口までいざなってはどうだろう。

そのためには、先のペリー来航の資料のように、ペリーが来航した目的を読み取ることができるような資料を準備すれば、子供も「なぜ、ペリーは日本に来たのだろう」という背景の一端を考察することができる。

このような背景や理由を捉えることができる資料を開発・活用することによって、歴史的事象を**相互関係的な視点で捉える**ことができるようになる。このことが、「我が国の歴史的事象は世界の動きと無縁ではない。世界との関わりの中で、国の利益を求めて動いている」という応用性や汎用性のある知識の獲得につながるものと考えられる。

===== コラム =====

子供たちが考えた「歴史を学ぶ意味」とは？

「我が国の歴史上の主な事象」の身に付けるべき思考力、判断力、表現力等は、(ア)から(サ)まで共通である。その中の1つに「歴史を学ぶ意味を考え、表現すること」がある。歴史学習全体を通して、歴史を学ぶ目的や大切さについて考え、表現することが求められている。

ところで、子供はどのようなことに歴史を学ぶ意味を見いだすのだろうか。ある教師が、歴史の授業の終わりに子供に表現させ、分類したものがある。

○人物についての考え

　・歴史上の人物の生き方に学ぶため。

　・人物の努力を見習って、将来の自分に生かすため。

　・活躍した人の気持ちを理解するため。

○時代の変化についての考え

　・今の日本と比較し、当時の苦しさやうれしさを共有するため。

　・どうして現在こういう世の中になったのかを知るため。

　・今と昔がつながっていることを知るため。

○継承についての考え

　・過去の成功、失敗、経験、知恵、考えを未来に生かすため。

　・先人が築いた立派な文化を知り、守っていくため。

　・これから日本を担っていく私たちが、次世代に語り継げるようにするため。

○国の発展についての考え

　・昔の日本を知り、よい国にするため。

　・これから戦争を起こさないようにするため。

その他には、「今の現実問題を解決するヒントがあるから」という考えもあった。いずれも、しっかりと歴史を学んだ様子が伝わってくる。このような子供の考えの背景には、教師の確かな授業力があることは言うまでもない。

5 第6学年の教材化と実践のヒント　99

第4章

新しい社会科の評価

―観点別学習状況評価をどのように行うか―

　学習評価は、子供の学習の状況を把握し成果と課題を明らかにするとともに、教師にとっては指導の改善に役立てる貴重な資料となる。それだけに、教育活動においては極めて重要な意味をもつ。しかし、何をどのようにして評価したらよいのか悩みを抱えている教師が多いことも事実である。とりわけ、経験の浅い教師にとっては指導することに精一杯で、評価にまで目が向かないという実態もある。

　学習指導要領の改訂に伴って、評価の内容や方法にも新しい提言がなされている。本章では、指導と評価の一体化の観点から、新しい評価の観点や評価方法について、以下の項目で説明することを試みる。

・評価の基本的な考え方は何か

・社会科の評価の観点はどのように変わるのか

・各観点別の評価をどのように行えばよいのか

　そして、私案としての新社会科の「評価規準例」を提案したい。

1 学習評価の基本的な考え方

(1) **学習評価の意義**

　中央教育審議会答申（平成28年12月）では、学習評価の意義について、以下のように述べている。

> ○学習評価は、学校における教育活動に関し、子供たちの学習状況を評価するものである。「子供たちがどういった力が身に付いたか」という学習の成果を的確に捉え、教員が指導の改善を図るとともに、子供たち自身が自らの学びを振り返って次の学びに向かうことができるようにするためには、この学習評価の在り方が極めて重要であり、教育課程や学習・指導方法の改善と一貫性を持った形で改善を進めることが求められる。

　ここからは、学習評価には、2つの意義があることが読み取れる。学習評価は子供の学習状況を的確に捉えて評価することにより、**「子供の学習改善」**につながるようにする側面と、**「教師の指導改善」**につながるようにするという側面である。

　新学習指導要領では、子供たちに身に付けさせたい資質・能力を、全ての教科にわたり「知識及び技能」「思考力、判断力、表現力等」「学びに向かう力・人間性等」の3つの柱で示している。3つの柱は、学校教育法第30条第2項が定める学力の3要素、「基礎的な知識及び技能の習得」「課題を解決するために必要な思考力、判断力、表現力その他の能力」「主体的に学習に取り組む態度」と共通するものである。

　学習評価に当たっては、3つの柱に沿って、学力がどの程度身に付いたかを

102　第4章　新しい社会科の評価

評価することが基本になる。

(2) 学習評価の基本的な枠組み

① 目標に準拠した「観点別学習状況評価」

基本的な枠組みは、従来の評価と変わるものではない。中央教育審議会教育課程部会「児童生徒の学習評価の在り方について（報告）」（平成31年1月21日。以下「中教審教育課程部会（報告）」）でも、

> 現在、各教科の評価については、学習状況を分析的に捉える「観点別学習状況評価」と、これらを総括的に捉える「評定」の両方について、学習指導要領に定める目標に準拠した評価として実施するものとされており、観点別学習状況の評価や評定には示しきれない児童生徒一人一人のよい点や可能性、進歩の状況については、「個人内評価」として実施するものとされている。

とし、以下の図を示している。

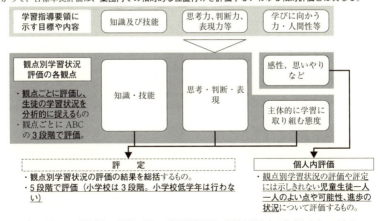

1 学習評価の基本的な考え方　103

前ページの図からは、各教科における評価は、学習指導要領の目標や内容に照らして学習状況を評価する**「目標準拠評価」**であり、集団内での相対的な位置付けを評価する相対評価とは異なるものであることが分かる。また、評価の対象となる観点は、「知識・技能」「思考・判断・表現」「主体的に学習に取り組む態度」の3観点となるが、観点ごとの評価は、ABCの3段階で評価する点は、これまでどおりであることが分かる。
　下図は、中教審の意図を簡潔にするために筆者が作成したものである。

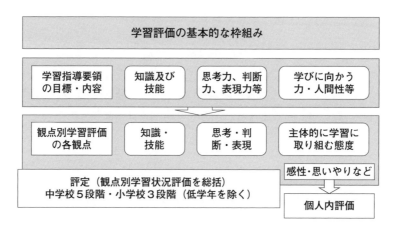

② 何が変わったか

　従来の観点別学習状況評価の観点は、「関心・意欲・態度」「思考・判断・表現」「技能」「知識・理解」の4つであった。新しい評価では、観点を3つに整理し、

ア　「知識」と「技能」が一つの観点にまとめられたこと
イ　従来の「関心・意欲・態度」に代わって、「主体的に学習に取り組む態度」が示されたこと

が大きな変化である。その背景には、目標に準拠した評価を実施するには、**評価の観点も目標に対応したものにする必要があるから**と考えられる。なお、主として「人間性等」の**感性や思いやりなどにあたる評価は、個人内評価**で表されることになる。

指導と評価の一体化を図る観点からは、新学習指導要領が授業改善の視点として重視している「主体的・対話的で深い学び」のプロセスとも関連付けながら評価することが求められる。

コラム

「観点別学習状況評価」

観点別学習状況とは、児童生徒の各教科における学習の状況を分析したものである。観点別学習状況評価に当たっては、学習指導要領に示された目標に照らして、各教科の学習内容をいくつかの観点（新学習指導要領では3観点）に分け、それぞれの観点ごとに学習の状況を分析し、評価する。

「目標に準拠した（目標準拠）評価」

何らかの目標や基準を評価基準とし、目標到達度あるいは基準満足度を評価する評価方法である。各評価段階にあらかじめ人数枠を設けることなく、個々の目標の実現状況を評価することから、**絶対評価**ともいわれる。

現在の学習評価は、目標に準拠した評価であり、実施に当たっては、具体的で明確な判断基準（文部科学省は「評価規準」と表記）を設定することが重要である。なお、**「評価規準」**の用語については、平成5年の小学校教育課程一般指導資料において、「子供たちが自ら獲得し身に付けた資質や能力の質的な側面、すなわち、学習指導要領の目標に基づく**幅のある資質や能力の育成**の実現状況の評価を目指すという意味から用いられたもの」と説明している。

「集団に準拠した評価」

所属する集団の中での位置付けを表示する評価方法であるが、現在の小学校の学習評価には用いられていない。各評価段階ごとに一定の人数枠や割合を設け、相対的な位置を表示するため、**相対評価**ともいわれる。

■1学習評価の基本的な考え方　105

2 小学校社会科における観点別学習状況評価

(1) 「知識・技能」の評価

① 何を評価するか

中教審教育課程部会（報告）では、

> 「知識・技能」の評価は、各教科等における学習の過程を通した知識及び技能の習得状況について評価を行うとともに、それらを既有の知識及び技能と関連付けたり活用したりする中で、他の学習や生活の場面でも活用できる程度に概念等を理解したり、技能を習得したりしているかについて評価するものである。

と述べている。

子供に獲得することが求められる知識には、主に

・用語・語句などに関する基礎的知識

・社会的事象の具体的な事実に関する具体的知識（調べて分かる知識）

・応用性や汎用性のある概念などに関する概念的知識（考えて分かる知識）

などが考えられる。

また、子供が身に付けることが求められる技能には、主に

・課題（問題）解決に必要な社会的事象等に関する情報を収集する技能

・収集した情報を社会的事象の見方・考え方に沿って読み取る技能

・読み取った情報を課題解決に向けてまとめる技能

などが考えられる。

「知識・技能」の評価では、これらの習得状況や活用状況を評価することになる。

② どのように評価するか

「知識」の習得については、ペーパーテストやワークシートなどで評価することが可能であるが、発言やノートの記述なども活用したい。

「**基礎的知識**」の習得については、例えば、

・ペーパーテストで用語や語句などを問う。

・ワークシートに用語や語句などを記入させる。

・白地図に都道府県の位置や名称などを記入させる。

・年表に主な出来事などを記入させる。

などの方法が考えられる。

「**具体的知識**」の習得については、例えば、

・ワークシートに調べて分かったことを記述させる。

・発言やノートの学習の記述などから、具体的知識の習得の状況を判断する。

などの方法が考えられる。

「**概念的知識**」の習得については、例えば、

・ノートやワークシートの記述、発言の内容などから社会的事象の意味や特色などが捉えられているかどうかを判断する。

・複数の具体的知識をまとめたり関連付けたりして考えられることを記述させ、社会的事象の意味や特色などが捉えられているかどうかを判断する。

などの方法が考えられる。

　これらの知識の習得は、学習が進むことによって定着度が高まることが考えられるため、一度の評価場面だけではなく、**複数の評価場面を設定して評価す**ることが必要である。

「技能」の習得についても、ペーパーテストやワークシートなどで評価することも可能であるが、実際に技能を活用する場面を観察したりノートの記述を読み取ったりして判断することを重視したい。

「**情報を収集する技能**」の習得については、例えば、

・課題解決に必要な情報を、ワークシートに記述させる。

・見学や聞き取り調査などの場面で、情報収集の様子を観察する。

・新聞や図書、インターネットなどで収集した情報が、課題解決に必要な情報であるかどうかを判断する。

などの方法が考えられる。

「**情報を読み取る技能**」の習得については、例えば、

・地図や写真などの資料を示して、位置や分布、広がりなどの傾向が読み取れているかを判断する。

・年表やグラフ、絵画資料などを示して、時期や時間の経過などが読み取れているかを判断する。

・複数の資料を比べたり、関連付けたりして、事象の意味や特色などが読み取れているかどうかを判断する。

などの方法が考えられる。

「**情報をまとめる技能**」の習得については、例えば、

・読み取った情報を基に、地域の様子を白地図などにまとめることができるかどうかを判断する。

・事柄の順序や因果関係などを、正しく年表にまとめることができるかどうかを判断する。

・事象の相互関係を整理し、イメージマップや関係図、イラストなどに、目的に沿った方法でまとめることができるかを判断する。

などの方法が考えられる。

　情報を読み取ったりまとめたりする技能の評価は、情報を読み取った結果として知識が獲得されるため、**評価場面が知識の評価と重なる**ことが考えられる。このようなケースでは、一つの評価場面で知識と技能の両方を評価することになる。

　なお、技能の習熟度は、目的に合わせて繰り返し活用することによって高まるものと考えられる。そのため、子供個々の状況を捉えて、**習得の機会を繰り返し設けて評価する**ことが必要である。

108　第4章　新しい社会科の評価

⑵ 「思考・判断・表現」の評価

① 何を評価するか

中教審教育課程部会（報告）では、

> 「思考・判断・表現」の評価は、各教科等の知識及び技能を活用して課題を解決する等のために必要な思考力、判断力、表現力等を身に付けているかどうかを評価するものである。

と述べている。

小学校社会科で求められる「思考・判断・表現」は、主に以下の4つである。

・社会的事象の特色や相互の関連、意味を多角的に考える力（考察する力）
・社会に見られる課題を把握して、その解決に向けて、学習したことを基に、社会への関わり方を選択・判断する力（構想する力）
・考えたことや選択・判断したことを説明する力
・考えたことや選択・判断したことを基に議論する力

「思考・判断・表現」の評価では、これらの実現状況を評価することになる。

② どのように評価するか

「思考・判断」の評価については、ペーパーテストやワークシートなどで評価することが可能であるが、発言やノートの記述なども活用すると、より効果的である。

「**考察する力**」の評価については、社会的事象の見方・考え方を働かせて、事象の特色や相互の関連、意味などを多角的に考えることができるかどうかを判断することが求められる。例えば、単元の目標に沿って、次のような授業場面を設定し、発言や記述を求めることが考えられる。

・自然条件からみて特色ある地域の様子を、自分たちの住む地域や他の地域の特徴やよさなどと**比較**したり、**分類**したりして捉えさせる。
・生産する側と消費する側のつながりを、生産者の工夫と消費者の願いなどを

関連付けて捉えさせる。

・我が国の政治の仕組みや役割が国民生活に及ぼす影響を、様々な立場から**総合して（まとめて）**捉えさせる。

「構想する力」の評価については、社会に見られる課題の解決に向けて、その関わり方を自分なりに考え、**意思決定（選択・判断）**できるかどうかを判断（評価）することが求められる。ここでは、学習指導要領に示された選択・判断の場面を中心にして、「自分でできること」を考えたり、「これからの地域や社会などの発展についての自分の考え」をまとめたりすることができるかどうかを判断することになる。その際の評価のポイントは、

・社会に見られる課題が捉えられているかどうか。
・解決に向けて、学習したことを基にして社会への関わり方を選択・判断しているかどうか。

の2点である。

「表現」に関わる**評価**のうち、**「説明する力」**については、ペーパーテストやワークシート、発言やノートの記述などを基に評価することが可能である。しかし、「議論する力」については、実際の発言や行動を観察したり記録にとどめたりして評価する必要がある。

「説明する力」の評価は、考察したことや構想したことを文や言葉などで説明できるかどうかを判断することが求められる。その際の評価のポイントは、

・理由や根拠を明確にして、相手に分かるように説明できているかどうか。
・社会的事象についての自分の考えを、論理的に説明できているかどうか。

などである。

「議論する力」の評価は、考察したことや構想したことを基に、他者と議論ができるかどうかを判断することが求められる。その際の評価のポイントは、

・他者の主張につなげたり、立場や根拠を明確にしたりして、社会的事象についての自分の考えを主張できているかどうか。
・他者の主張を踏まえたり取り入れたりして、自分の考えを再構成して主張できているかどうか。

110　第4章　新しい社会科の評価

などである。

「思考・判断」と「表現」は、実際の授業では、考察したことを説明したり、構想したことを議論したりするなど、関連性が極めて強い。評価に当たっては、一つの場面で「思考・判断」と「表現」を一体として評価できることを念頭に置く必要がある。

⑶ 「主体的に学習に取り組む態度」の評価

① 何を評価するか

中教審教育課程部会（報告）では、「主体的に学習に取り組む態度」の評価について次のように述べている。

> 「主体的に学習に取り組む態度」の評価に際しては、単に継続的な行動や積極的な発言等を行うなど、性格や行動面の傾向を評価するということではなく、各教科等の「主体的に学習に取り組む態度」に係る評価の観点の趣旨に照らして、知識及び技能を獲得したり、思考力、判断力、表現力等を身に付けたりするために、自らの学習状況を把握し、学習の進め方について試行錯誤するなど自らの学習を調整しながら、学ぼうとしているかどうかという意思的な側面を評価することが重要である。

また、この観点に基づく評価の解説では、

ア　知識及び技能を獲得したり、思考力、判断力、表現力等を身に付けたりすることに向けた**粘り強い取組を行おうとする側面**

イ　アの粘り強い取組を行う中で、**自らの学習を調整しようとする側面**

の２つの側面から評価することを求めている。

小学校社会科の「主体的に学習に取り組む態度」は、「よりよい社会を考え、主体的に問題解決しようとする態度」であると説明されている。また、これらの態度は、「主体的に学習の問題を解決しようとする態度」と「よりよい社会を考え学習したことを社会生活に生かそうとする態度」などの２つから成り立つと考えられる。いわば、学ぶ過程における主体的な態度と学んだことをその

後に生かそうとする態度である。
　「主体的に学習に取り組む態度」の評価に当たっては、
・問題解決的な学習を進める上で、よりよい社会を考え、主体的に問題解決しようとする態度が身に付いたかどうか。
・社会的事象の特色や相互の関連、意味などの理解を基に、よりよい社会を考え、社会生活に生かそうとする態度が身に付いたかどうか。
などの姿を、粘り強い取組を行おうとする側面と自らの学習を調整しようとする側面から評価することが考えられる。
　② どのように評価するか
　「主体的に学習に取り組もうとする態度」の評価は、ペーパーテストにはなじみにくい。具体的な評価方法として、ノートやレポート等における記述、授業中の発言、教師による行動観察、児童の自己評価や相互評価の活用等が考えられる。
　次の写真は、第5学年の「工業生産」の授業の様子である。

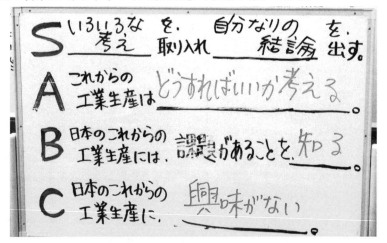

　授業のはじめに学習到達度の基準（ルーブリック）を子供と教師が話し合い、授業後の振り返りに生かそうとした試みの一コマである。

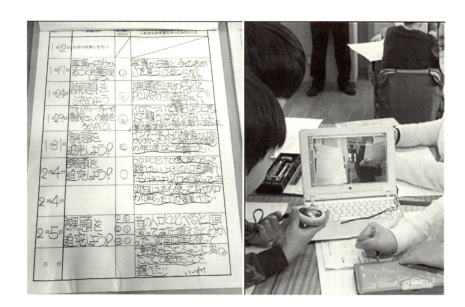

　左上の写真は単元を通して、6年生の児童が自己評価を記したものである。このカードには、「今日の課題」「進んで学習できたかの自己評価◎○△」「これからの学習でやってみたいこと」の欄が設けられ、子供が毎時間の課題を確認し、自分の学習を振り返って記入できるようになっている。

　右上の写真は、5年生の児童がグループで調べて発表する場面を動画に撮り、上手く発表できたところや改善した方がよいところを、お互いにパソコンで確認（相互評価による自己調整）している場面である。

　「主体的に学習の問題を解決しようとする態度」や「よりよい社会を考え学習したことを社会生活に生かそうとする態度」を評価するには、単元全体を通して**子供自身が学びを振り返り、成果や課題を確認できる方法や場面を工夫する**ことが重要である。これらの工夫によって、粘り強い取組を行おうとする姿や自らの学習を調整しようとする姿を見取るようにしたい。

3 評価の手順と評価規準の作成

(1) 評価規準設定の手順

① 評価の観点及び趣旨を理解する

評価規準の設定に当たっては、社会科の教科目標を踏まえて示される「評価の観点及びその趣旨」を踏まえ、内容のまとまりごとの評価規準を設定することが必要である。**評価の観点及びその趣旨は、教科目標に対応**しており、観点は「知識・技能」「思考・判断・表現」「主体的に学習に取り組む態度」の3観点で示されることになっている。

このことは、観点別学習状況評価を実施する上の基本であり、全ての教職員が理解することが必要である。

② 内容のまとまりごとの評価規準を設定する

小学校社会科は、学習指導要領で示された内容のまとまりごとに単元が構成され、指導計画が作成される。従って、それぞれの内容を分析し、内容のまとまりごとに、指導内容に対応した評価規準を作成する必要がある。**指導内容と評価規準を対応させる**ことは、指導と評価の一体化からも、極めて大切なことである。(具体的な評価規準の作成については、次ページで述べる。)

③ 評価の時期と評価方法を指導・評価計画に位置付ける

評価規準は、これを設定しただけでは評価は機能しない。いつ、どのような方法で評価するのかを、指導・評価計画に位置付ける必要がある。このことによって、単元全体を通して、各観点に沿った授業がバランスよく行われているかどうか、様々な評価方法によって、子供の学習状況を多角的に捉えることができるかどうかをチェックすることになる。ただし、毎時間3観点の全てを位

114　第4章　新しい社会科の評価

置付ける必要はない。1時間の授業で評価できることはそう多くはない。1つか2つに絞って評価し、**単元全体を通して全ての観点からの評価がなされるようにすることが賢明である。**

(2) 評価規準の作成

　評価規準の作成に当たっては、学習指導要領の内容ア(ア)が知識に関する目標、ア(イ)が技能に関する目標、イが思考力、判断力、表現力等に関する目標であることを踏まえて検討する必要がある。なお、主体的に学習に取り組む態度の目標は、学年目標の(3)の前段に、「学びに向かう力」として示されていることに留意したい。
　これらのことを踏まえて、作成した**評価規準例（私案）**を以下に示す。

① 第3学年「市の様子の移り変わり」

観点	知識・技能	思考・判断・表現	主体的に学習に取り組む態度
評価規準	①交通や公共施設、土地利用や人口、生活の道具などの時期による違いなどを、聞き取り調査をしたり地図などの資料で調べたりして、必要な情報を集め、読み取り、市や人々の生活の変化を理解している。 ②市の様子の移り変わりについて、調べたことを年表などにまとめ、市や人々の生活の様子は、時間の経過に伴い、移り変わってきたことを理解している。	①交通や公共施設、土地利用や人口、生活の道具などの時期による違いに着目して問いを見いだし、市や人々の生活の様子を捉え、それらの変化を考え、表現している。 ②学習したことを基にして、これからの市の発展について考えたり、関わり方を選択・判断したりして表現している。	①追究の見通しを立て、粘り強く学習に取り組み、主体的に学習の問題を解決しようとしている。 ②よりよい市の発展を考え、学習を振り返って社会生活に生かそうとしている。

❸評価の手順と評価規準の作成　115

② 第4学年「人々の健康を支える事業（飲料水）」

観点	知識・技能	思考・判断・表現	主体的に学習に取り組む態度
評価規準	①飲料水の供給の仕組みや経路、県内外の協力の仕組みなどを、見学・調査したり地図などの資料で調べたりして、必要な情報を集め、読み取り、飲料水を供給する事業が果たす役割を理解している。 ②飲料水を供給する事業の様子について、調べたことをまとめ、飲料水を供給する事業は、安全で安定的に供給できるように進められていることや、地域の人々の健康な生活の維持と向上に役立っていることを理解している。	①供給の仕組みや経路、県内外の人々の協力などに着目して問いを見いだし、飲料水の供給のための事業の様子を捉え、それらの事業が果たす役割を考え、表現している。 ②学習したことを基にして、飲料水の有効利用などについて、自分たちでできることを考え、選択・判断したことを表現している。	①追究の見通しを立て、粘り強く学習に取り組み、主体的に学習の問題を解決しようとしている。 ②安全で安定した飲料水の供給を考え、学習したことを振り返って社会生活に生かそうとしている。

③ 第5学年「我が国の食料生産に関わる人々の工夫や努力」

観点	知識・技能	思考・判断・表現	主体的に学習に取り組む態度
評価規準	①生産の工程、人々の協力関係、技術の向上、輸送、価格や費用などを、地図帳、地球儀、各種の資料で調べ、必要な情報を集め、読み取り、食料生産に関わる人々の働きを理解している。 ②食料生産に関わる人々の工夫や努力について、調べたことをまとめ、食料生産に	①生産の工程、人々の協力関係、技術の向上、輸送、価格や費用などに着目して問いを見いだし、食料生産に関わる人々の工夫や努力を捉え、食料生産に関わる人々の働きを考え、表現している。	①追究の見通しを立て、粘り強く学習に取り組み、主体的に学習の問題を解決しようとしている。 ②よりよい食料生産の発展を考え、学習したことを振り返って社会生活に生かそうとしている。

観 点		
評価規準	関わる人々は、生産性や品質を高めるよう努力したり輸送方法や販売方法を工夫したりして、良質な食料を消費地に届けるなど、食料生産を支えていることを理解している。	②学んだことを基にして、生産者や消費者の立場から多角的に考え、これからのの農業や水産業の発展について、自分の考えをまとめ表現している。

④ 第6学年「日本国憲法」

観点	知識・技能	思考・判断・表現	主体的に学習に取り組む態度
評価規準	①日本国憲法の基本的な考え方に着目して、見学・調査したり各種の資料で調べたりして、必要な情報を集め、読み取り、日本国憲法が国民生活に果たす役割や、国会、内閣、裁判所と国民との関わりを理解している。 ②日本国憲法の基本的な考え方について、調べたことをまとめ、日本国憲法は国家の理想、天皇の地位、国民としての権利及び義務など国家や国民生活の基本を定めていることや、現在の我が国の民主政治は日本国憲法の基本的な考え方に基づいていることを理解するとともに、立法、行政、司法の三権がそれぞれの役割を果たしていることを理解している。	①日本国憲法の基本的な考え方に着目して問いを見いだし、我が国の民主政治を捉え、日本国憲法が国民生活に果たす役割や、国会、内閣、裁判所と国民との関わりを考え、表現している。 ②学習したことを基にして、国民としての政治の関わり方について多角的に考え、自分の考えをまとめ、表現している。	①追究の見通しを立て、粘り強く学習に取り組み、主体的に学習の問題を解決しようとしている。 ②よりよい政治への関わり方を考え、学習したことを振り返って社会生活に生かそうとしている。

ここで示した評価規準例（私案）は検討中のものである。各学校においては
それぞれに評価規準を検討・作成し、指導計画と評価計画に対応させた「指
導・評価計画」を作成することが必要になる。

(3)　評価に当たって配慮したいこと

　評定は、観点別学習状況の評価を総括するものとして、従来どおり3段階で
行うものとされている。評定は、子供や保護者にとって極めて関心が大きく、
その後の学習意欲などに大きな影響を与えることがある。そのため、以下の点
に配慮することが大切である。

①　評価方針の児童・保護者への周知

　評価規準や評価方法、評定の仕方などの評価方針を、子供や保護者などにあ
らかじめ示すことによって、評価の妥当性や信頼性を高めることができる。と
りわけ、子供が社会科で身に付けるべき資質・能力を具体的にイメージできる
ようになることが期待される。

②　評価を指導や支援に生かす

　評価は判決ではない。指導や支援の手掛かりを得るものである。評価の結果
を分析し、子供の学力向上への手立てを共に考え、指導・支援することによっ
て、子供の学習意欲や学力の向上につながることが期待される。

(参考資料)「小学校、中学校、高等学校及び特別支援学校等における児童生徒の学習評価及び指導要録の改善等について（通知）」（平成31年3月29日）〔別紙4〕より

社　会

(1)　評価の観点及びその趣旨〈小学校　社会〉

観点	知識・技能	思考・判断・表現	主体的に学習に取り組む態度
趣旨	地域や我が国の国土の地理的環境、現代社会の仕組みや働き、地域や我が国の歴史や伝統と文化を通して社会生活について理解しているとともに、様々な資料や調査活動を通して情報を適切に調べまとめている。	社会的事象の特色や相互の関連、意味を多角的に考えたり、社会に見られる課題を把握して、その解決に向けて社会への関わり方を選択・判断したり、考えたことや選択・判断したことを適切に表現したりしている。	社会的事象について、国家及び社会の担い手として、よりよい社会を考え主体的に問題解決しようとしている。

(2)　学年・分野別の評価の観点の趣旨〈小学校　社会〉

観点＼学年	知識・技能	思考・判断・表現	主体的に学習に取り組む態度
第3学年	身近な地域や市区町村の地理的環境、地域の安全を守るための諸活動や地域の産業と消費生活の様子、地域の様子の移り変わりについて、人々の生活との関連を踏まえて理解しているとともに、調査活動、地図帳や各種の具体的資料を通して、必要な情報を調べまとめている。	地域における社会的事象の特色や相互の関連、意味を考えたり、社会に見られる課題を把握して、その解決に向けて社会への関わり方を選択・判断したり、考えたことや選択・判断したことを表現したりしている。	地域における社会的事象について、地域社会に対する誇りと愛情をもつ地域社会の将来の担い手として、主体的に問題解決しようとしたり、よりよい社会を考え学習したことを社会生活に生かそうとしたりしている。
第4学年	自分たちの都道府県の地理的環境の特色、地域の人々の健康と生活環境を支える働きや自然災害から地域の安全を守るための諸活動、地域の伝統と文化や地域の発展に尽くした先人の働きなどについて、人々の生活との関連を踏まえて理解しているとともに、調査活動、地図帳や各種の具体的資料を通して、必要な情報を調べまとめている。	地域における社会的事象の特色や相互の関連、意味を考えたり、社会に見られる課題を把握して、その解決に向けて社会への関わり方を選択・判断したり、考えたことや選択・判断したことを表現したりしている。	地域における社会的事象について、地域社会に対する誇りと愛情をもつ地域社会の将来の担い手として、主体的に問題解決しようとしたり、よりよい社会を考え学習したことを社会生活に生かそうとしたりしている。
第5学年	我が国の国土の地理的環境の特色や産業の現状、社会の情報化と産業の関わりについて、国民生活との関連を踏まえて理解しているとともに、地図帳や地球儀、統計などの各種の基礎的資料を通して、情報を適切に調べまとめている。	我が国の国土や産業の様子に関する社会的事象の特色や相互の関連、意味を多角的に考えたり、社会に見られる課題を把握して、その解決に向けて社会への関わり方を選択・判断したり、考えたことや選択・判断したことを説明したり、それらを基に議論したりしている。	我が国の国土や産業の様子に関する社会的事象について、我が国の国土に対する愛情をもち産業の発展を願う国家及び社会の将来の担い手として、主体的に問題解決しようとしたり、よりよい社会を考え学習したことを社会生活に生かそうとしたりしている。
第6学年	我が国の政治の考え方と仕組みや働き、国家及び社会の発展に大きな働きをした先人の業績や優れた文化遺産、我が国と関係の深い国の生活やグローバル化する国際社会における我が国の役割について理解しているとともに、地図帳や地球儀、統計や年表などの各種の基礎的資料を通して、情報を適切に調べまとめている。	我が国の政治と歴史及び国際理解に関する社会的事象の特色や相互の関連、意味を多角的に考えたり、社会に見られる課題を把握して、その解決に向けて社会への関わり方を選択・判断したり、考えたことや選択・判断したことを説明したり、それらを基に議論したりしている。	我が国の政治と歴史及び国際理解に関する社会的事象について、我が国の歴史や伝統を大切にして国を愛する心情をもち平和を願い世界の国々の人々と共に生きることを大切にする国家及び社会の将来の担い手として、主体的に問題解決しようとしたり、よりよい社会を考え学習したことを社会生活に生かそうとしたりしている。

3評価の手順と評価規準の作成　　119

おわりに

　「平成最後の」という言い方がよく使われる。私にとって本書は、文字どおり平成最後の大仕事となった。平成時代の30年間は、前半のほぼ半分の歳月を教育行政と校長職で、後半の半分は大学での仕事に費やした。その集大成と言うには余りにも拙い内容の著書ではあるが、一区切りをつけたいと思って執筆したものである。

　大学に15年もお世話になりながら、私の仕事は必ずしも研究的なものではなかった。様々な機会に文部科学省の仕事に参画させて頂く機会があり、学習指導要領の内容をどのように具現化していくか、そのために、どのような授業を行えばよいかが最大の関心事であった。幸いなことに、この30年間、周りには一緒に社会科の授業を考え、実践する「社会科を考える会」の仲間に恵まれた。私も一実践者として楽しく学び、自分の授業に生かすことができた。

　今回の著書の大半は、「社会科を考える会」の仲間と共に考えてきた実践と、様々な学校に足を運んで授業を参観し、学ばせて頂いた内容がベースになっている。私自身は、若い頃教えを請うた先達の「教育は実践にある」との言葉を、今も大切にしているつもりである。

　新学習指導要領は、実質的にスタートしていると認識している。しかし、社会科の実践が子供の未来を輝かせることができるようにするには、これからが正念場である。私も新しい時代に乗り遅れることのないよう、まだまだ頑張っていきたいと思っている。

　おわりになりましたが、本書の出版に当たり、教育出版書籍編集課の阪口建吾課長、教科書編集部の丑山修編集長をはじめ関係者の方々に多くのご支援を賜りました。心から感謝申し上げます。

平成31（2019）年4月

廣嶋　憲一郎

● 著者紹介

廣嶋 憲一郎（ひろしま けんいちろう）

〔略歴〕
1948年　新潟県に生まれる。東京都職員、民間企業を経て
1975年　東京都公立小学校教諭
1990年　武蔵村山市教育委員会指導主事
1993年　東京都立多摩教育研究所指導主事・統括指導主事
1998年　東京都立教育研究所統括指導主事
2000年　東京都多摩教育事務所主任指導主事・指導課長
2003年　青梅市立河辺小学校長
2004年　聖徳大学人文学部児童学科教授
2010年　聖徳大学大学院教職研究科教授（現職）

1988年　文部省「平成元年版小学校学習指導要領（社会）作成協力者」
1996年　文部省「平成10年版小学校学習指導要領（社会）調査研究協力者」
2011年　国立教育政策研究所「学習指導要領実施状況調査小学校社会問題作成委員」
2012年　文部科学省「学びのイノベーション推進委員会ワーキング委員」
2013年　国立教育政策研究所「学習指導要領実施状況調査小学校社会問題分析委員」
2015年　中央教育審議会教育課程部会「社会・地理歴史・公民ワーキング専門委員」

〔主な著書〕
『生活科の再出発』（単著）東洋館出版社、1997年
『自ら学ぶ総合的な学習の時間の創り方』（編著）東洋館出版社、1999年
『学校教育の評価改善事例集』第一法規（共著）、2002年
『学級づくりの相談室Ｑ＆Ａ』（共著）光文書院、2006年
『教員評価と上手に付き合う本』（単著）明治図書、2007年
『小学校新学習指導要領ポイントと授業づくり社会』（編著）東洋館出版社、2008年
『小学校社会科実践事例集』（編著）小学館、2009年
『小学校社会編事例に学ぶ教師の評価術』東洋館出版社（編著）、2011年
『新学習指導要領ハンドブック』時事通信出版局（共著）、2017年
『社会科学習指導案文例集』東洋館出版社（編著）、2018年

主体的・対話的で深い学びを実現する
社会科授業　教材・実践・評価のアイデア

2019年5月30日　初版第1刷発行

著　　者　　**廣嶋憲一郎**

発 行 者　　**伊 東 千 尋**

発 行 所　　**教育出版株式会社**

〒101-0051　東京都千代田区神田神保町2-10
電話 03-3238-6965　振替 00190-1-107340

©K.Hiroshima 2019　　　　　　　　　　印刷　藤原印刷
Printed in Japan　　　　　　　　　　　製本　上島製本
落丁・乱丁はお取替いたします。

ISBN978-4-316-80487-3　C3037